管理者

法律常识一本通

黄振达　编著

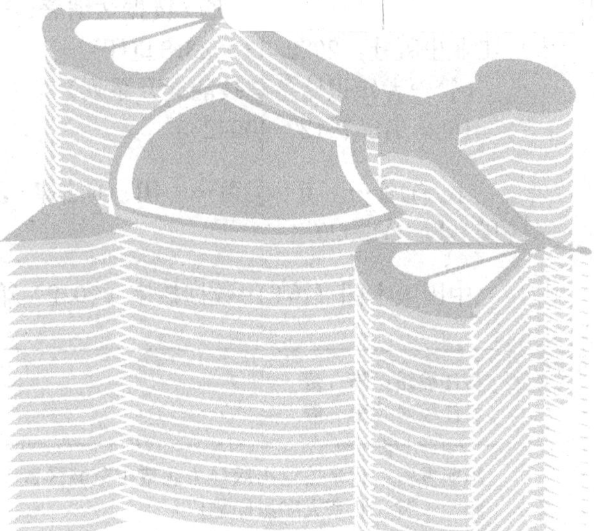

全国百佳图书出版单位
化学工业出版社
·北　京·

内容简介

《管理者法律常识一本通》一书就企业高管的法律地位、与企业成立有关的法律常识、与公司法有关的法律常识、与税务有关的法律常识、与劳动有关的法律常识、与合同有关的法律常识、与知识产权有关的法律常识、与招投标有关的法律常识、与安全生产有关的法律常识、与产品质量有关的法律常识、与消费者权益保护有关的法律常识、与市场竞争有关的法律常识、与广告有关的法律常识、与企业破产有关的法律常识、企业法律风险防范十五章内容，对管理者日常应知的法律常识进行了系统的解读，并辅以案例供读者参考。

本书注重实操，完全去理论化，内容简洁实用，同时板块设置精巧、结构清晰明确。本书可供有志于自己创办企业、开办公司的毕业生、职场人士阅读，也适合有志于了解法律常识或准备进入法律领域的有识之士阅读。

图书在版编目（CIP）数据

管理者法律常识一本通/黄振达编著.—北京：化学工业出版社，2022.6(2023.8重印)
（管理者知识储备与技能提升系列）
ISBN 978-7-122-40942-3

Ⅰ.①管… Ⅱ.①黄… Ⅲ.①法律-基本知识-中国 Ⅳ.①D920.4

中国版本图书馆CIP数据核字（2022）第039517号

责任编辑：陈　蕾　　文字编辑：王春峰　陈小滔
责任校对：王　静　　装帧设计：数字城堡

出版发行：化学工业出版社（北京市东城区青年湖南街13号　邮政编码100011）
印　　装：北京天宇星印刷厂
700mm×1000mm　1/16　印张16　字数259千字　2023年8月北京第1版第2次印刷

购书咨询：010-64518888　　售后服务：010-64518899
网　　址：http://www.cip.com.cn
凡购买本书，如有缺损质量问题，本社销售中心负责调换。

定　　价：78.00元

前言

PREFACE

管理企业是一项非常系统的工程，作为管理者懂得越多就越好。

作为管理者必须增强与时俱进的学习意识，把学习摆在重要地位，提高管理水平和理论素养。我们在工作中获得的是经验，而理论学习赋予我们的是进一步实践的有力武器。只有不断地学习和更新知识，不断地提高自身素质，才能适应工作的需要。

作为企业管理者通常应掌握财务常识、法律常识、企业运营常识。

企业管理者应掌握财务知识。每一个企业管理者都希望自己的企业能够蓬勃发展、基业长青。作为优秀的企业管理者，需要对企业或者公司做一个全面的把控，而掌握一定的财务思维和财务管理的相关知识，才能够更好地全面把握企业发展趋势的整体要求，实施开源节流，达到更理想的持续发展效果。

经营管理的决策者、组织者和实施者，是将依法治企理念具体转化为企业基本管理方式的决定性因素。这种理念来自哪里？它就来自企业管理者的法律意识。做到依法治企，就必须提高管理者依法治企的能力，这就要求管理者树立现代法治观念，注重法律学习，增强法律意识，建立起依法取得权利、行使权利、保护权利和履行义务的思维模式，在处理具体经营管理业务时有法律评价的视角和判断的警觉。

企业经营管理主要指的是对企业发展过程的全部内容进行计划、组织、协调与控制，使其能够提升企业的生产效益、降低企业的开支成本，促使企业既定目标的实现。作为企业管理者需要对企业经营管理的常识有全面的掌握，方能使企业处于正常的运作中，从而实现企业的目标。

基于此，我编写了本书，供有志于自己创办企业、开办公司的大中专学校毕业生、职场人士阅读，为您所创办的公司、企业进行针对性的财务、税务、法律管理，以及股权分配、合伙人的管理和提升企业业绩等提供帮助和指导，以期在最短的时间内助力您成功！

《管理者法律常识一本通》一书就企业高管的法律地位、与企业成立有关的法律常识、与公司法有关的法律常识、与税务有关的法律常识、与劳动有关的法律常识、与合同有关的法律常识、与知识产权有关的法律常识、与招投标有关的法律常识、与安全生产有关的法律常识、与产品质量有关的法律常识、与消费者权益保护有关的法律常识、与市场竞争有关的法律常识、与广告有关的法律常识、与企业破产有关的法律常识、企业法律风险防范15章内容，对管理者日常应知的法律常识进行了系统的解读，并辅以案例供读者参考。

本书去理论化，通俗易懂，具有较强的可读性，全面系统地对管理者日常生活和工作中应该了解的法律知识进行了梳理，适合创业者和从事企业管理的人士阅读。

由于笔者水平有限，书中难免出现疏漏与缺憾，敬请读者批评指正。

编著者

目录

CONTENTS

▶ 第一章　企业高管的法律地位

一、企业高管的概念和范围 | 2
二、企业高管的聘任或解聘 | 5
三、企业高管的职权 | 6
四、企业高管的任职资格 | 7
五、企业高管的义务 | 8
六、企业高管的法律责任 | 9
律师说法 | 10

▶ 第二章　与企业成立有关的法律常识

一、个体工商户 | 14
二、个人独资企业 | 15
三、一人有限责任公司 | 19
四、合伙企业 | 19
五、有限责任公司和股份有限公司 | 23
律师说法 | 24

▶ 第三章　与公司法有关的法律常识

一、公司的性质 | 27
二、公司法定代表人 | 27

三、有限责任公司的设立 | 27
四、有限责任公司的组织机构 | 29
五、有限责任公司的股权转让 | 32
六、股份有限公司的设立 | 33
七、股份有限公司的组织机构 | 35
八、股份有限公司的股份发行和转让 | 37
九、公司的解散与清算 | 38
十、公司的法律责任 | 39
律师说法 | 41

▶ 第四章　与税务有关的法律常识

一、税收的概念 | 44
二、现行税种 | 44
三、税务登记 | 49
四、税务发票的管理 | 50
五、纳税申报 | 51
六、税款征收 | 52
七、税收法律责任 | 53
律师说法 | 56

▶ 第五章　与劳动用工有关的法律常识

一、与劳动保障相关的法律法规 | 59
二、与劳动合同相关的法律常识 | 59
三、工资福利制度 | 65
四、社会保险制度 | 66
五、工作时间和休息休假制度 | 67
六、女职工劳动保护的规定 | 67

七、国家对未成年工劳动保护的规定 | 68
八、劳动争议的处理 | 69
九、违反劳动保障的法律责任 | 69
律师说法 | 71

第六章 与合同有关的法律常识

一、合同的定义 | 75
二、合同的形式与内容 | 75
三、合同的效力 | 76
四、合同的履行 | 78
五、合同的变更和转让 | 80
六、合同的终止和解除 | 80
律师说法 | 81

第七章 与知识产权有关的法律常识

一、知识产权的概念 | 85
二、著作权 | 85
三、专利权 | 90
四、商标权 | 94
律师说法 | 99

第八章 与招投标有关的法律常识

一、招标与投标的概念 | 103
二、招标的项目 | 103
三、招标 | 104

四、投标 | 107
五、开标 | 110
六、评标 | 110
七、中标 | 111
八、招标人违法应当承担的法律责任 | 112
九、投标人违法应当承担的法律责任 | 113
十、中标人违法应当承担的法律责任 | 114
律师说法 | 115

▶ 第九章　与安全生产有关的法律常识

一、与安全生产相关的法律法规 | 118
二、安全生产方针 | 119
三、企业安全生产的责任 | 119
四、安全生产教育和培训 | 121
五、特种作业人员资格制度 | 122
六、安全生产的保障 | 124
七、安全生产的管理 | 126
八、安全生产的落实 | 128
九、安全生产事故责任追究 | 130
律师说法 | 136

▶ 第十章　与产品质量有关的法律常识

一、产品质量的概念 | 139
二、生产者的产品质量责任和义务 | 140
三、销售者的产品质量责任和义务 | 143
四、产品质量损害赔偿责任 | 147
五、产品质量监督管理 | 148

六、违反《产品质量法》的法律责任 | 151
律师说法 | 153

第十一章　与消费者权益保护有关的法律常识

一、消费者权益的概念 | 156
二、消费者的权利 | 156
三、经营者的义务 | 161
四、消费者权益争议的解决 | 163
五、侵犯消费者合法权益的法律责任 | 165
律师说法 | 168

第十二章　与市场竞争有关的法律常识

一、不正当竞争行为的概念 | 172
二、不正当竞争行为的表现 | 172
三、不正当竞争的法律责任 | 175
律师说法 | 177

第十三章　与广告有关的法律常识

一、与广告相关的术语 | 180
二、发布广告的总要求 | 181
三、广告禁止的情形 | 181
四、虚假广告的情形 | 182
五、广告行为规范 | 182
六、违反《广告法》的法律责任 | 184
律师说法 | 189

▶ 第十四章　与企业破产有关的法律常识

一、企业破产的申请 | 192

二、破产管理人 | 193

三、债务人财产 | 194

四、破产费用与共益债务 | 197

五、债权申报 | 198

六、债权人会议 | 199

七、破产重整 | 200

八、破产和解 | 202

九、破产清算 | 204

十、企业破产的法律责任 | 207

律师说法 | 208

▶ 第十五章　企业法律风险防范

一、高层管理人员法律风险防范 | 212

二、企业成立的法律风险防范 | 214

三、企业治理的法律风险防范 | 220

四、企业税务风险防范 | 223

五、企业劳动关系法律风险防范 | 226

六、合同管理的法律风险防范 | 227

七、知识产权法律风险防范 | 233

八、招投标法律风险防范 | 236

九、安全生产法律风险防范 | 238

十、发布广告的法律风险防范 | 240

律师说法 | 242

▶ 后记

第一章

企业高管的法律地位

作为企业中的高层管理人员，如果具有专业的法律常识，可对企业的规范化经营提供强有力的保障，有助于提升企业形象，提高企业的竞争力；可以帮助企业建立各种法律风险预警机制或制度，防患于未然，有利于公司的长远发展。

一、企业高管的概念和范围

高级管理人员简称高管，是指在公司管理层中担任重要职务、负责公司经营管理、掌握公司重要信息的人员。

根据《中华人民共和国公司法》（以下简称《公司法》）第二百一十六条第一项规定，高级管理人员是指公司的经理、副经理、财务负责人，上市公司董事会秘书和公司章程规定的其他人员，如图1-1所示。

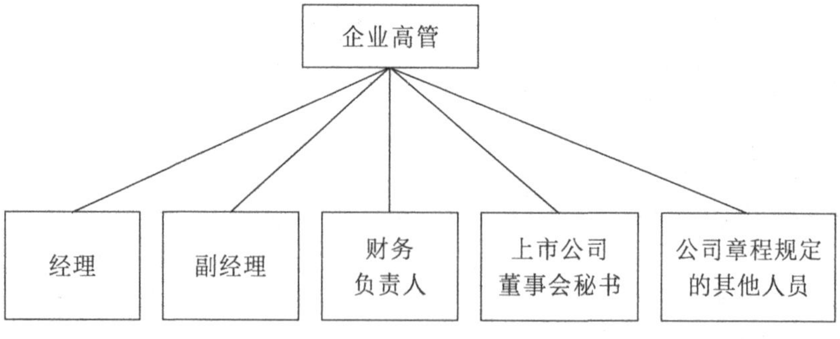

图1-1　企业高管的范围

1.经理和副经理

经理是指《公司法》第四十九条和第一百一十三条规定的经理，在实际中就是指公司的总经理。相应地，此处的副经理通常是指公司的副总经理。

2. 财务负责人

财务负责人是指一般由总会计师或财务总监担任，全面负责公司的财务管理、会计核算与监督工作的人。根据《中华人民共和国会计法》第三十八条第二款规定，担任单位会计机构负责人（会计主管人员）的，应当具备会计师以上专业技术职务资格或者从事会计工作三年以上经历。

如果公司不设总会计师或财务总监，而仅设财务经理或财务主管，则也可以将其视为财务负责人，但是这需要在公司章程中加以明确。

3. 董事会秘书

董事会秘书是指对外负责公司信息披露事宜，对内负责筹备董事会会议和股东大会，并负责会议的记录和会议文件、记录的保管等事宜的公司高级管理人员。

根据《公司法》第一百二十三条规定，上市公司设董事会秘书，负责公司股东大会和董事会会议的筹备、文件保管以及公司股东资料的管理，办理信息披露事务等事宜。

小提示

要将董事会秘书与董事长秘书区别开来，董事长秘书通常不属于公司高管，而董事会秘书肯定属于公司高管。

4. 公司章程规定的其他高管人员

按照公司章程规定其他高管人员是法律赋予公司的自治权利，允许公司自己选择管理方式，自己决定聘任或解聘高管，但是务必在公司章程中明确哪些职位或人员属于高级管理人员。

5. 公司章程未规定时对“高管”的特殊界定

实务中存在大量的公司在章程上并未对高级管理人员进行规定，或虽然公司章程有规定，但公司章程未列明其为高级管理人员而其却行使高级管理人员职责或具有高级管理人员外观，如部长、总监、主管等，因此辨别公司高级管理人员的身份是常见的争议区。

我们认为，因为我国公司内部职务名称和管理制度各有不同，单纯以其职位判断一个人是否为高级管理人员，不够全面，因此应当进一步结合其工作岗位是否满足《公司法》第二百一十六条列举的公司高管的范畴、是否为公司章程及规范规定的高管人员、有无高管任职聘书、公司内权力职责范围、所享福利待遇等五个方面来综合认定。《公司法》第二百一十六条是认定高级管理人员最重要的依据之一，如果有工商登记或者其他生效文书确认总经理、副总经理或者财务负责人等高管身份，则毫无争议地可将其认定为高级管理人员。

但如果其岗位身份并非注明为总经理、副总经理或者财务负责人，则需结合其他四个方面来考虑，具体如下。

（1）公司的章程、董事会决议、劳动合同、员工花名册、通知等公司内部文件。由于实践中公司各种运作并不规范，时常需要参考其他的内部文件才能进一步确定。

（2）聘书或聘用文件、通知等文书。有学者认为，高级管理人员不同于普通的劳动者，其与公司之间应当是由公司聘任并签有聘书。但公司高级管理人员属于公司内部自治范畴，在实践中具有较大的灵活性，往往不能仅以是否存在书面任命材料来界定其身份，而需要结合工作岗位、薪酬等因素予以综合认定。

（3）行使职责是否在高管职责范围之内。高级管理人员是在企业管理层中担任重要职务、负责企业经营管理、掌握企业重要信息的人员，如果仅仅是分管某一项目的负责人或某一部门的部门负责人（财务部门除外），则不属于高级管理人员的范围，因此需要区分一般管理人员、中层管理人员以及高级管理人员。判断一个人是否是部门负责人（财务部门除外），并不仅仅看他的头衔，而是需要看他具体的工作内容是否与整个公司相关。因此，从保护公司整体利益的目的出发，凡不涉及公司整体利益而从事负责公司某一方面具体业务工作的人员，不应认定为公司高级管理人员。有学者提出“厂长”是否属于高级管理人员的范畴，现代公司制虽然已经很少有“厂长”职位，但如若厂长的职责切切实实是着眼于整个企业经营管理的，虽然不属于《公司法》第二百一十六条中列举的高级管理人员范畴，但因为其特殊的职责范围，应当被认定为是高级管理人员。此外，关于“总经理助理”和“董事长助理”这样的职位，对于这类助理，虽然明显不被包含在《公司法》第二百一十六条的规定内，但如果其职责是协助总经理或者董事长对整个公司进行整体管理，则在司法实践中大概率会被认定为类似副总经理或者副董事长，从而被认定为高级管理人员。

（4）福利待遇。高级管理人员的一大特征是福利待遇显著区别于普通员工，因此在认定高级管理人员的身份时，其所享受的福利待遇是重要指标之一。比较典型的案例是〔2019〕湘01民初3391号案件，本案中虽然原告与公司签有《高管人员聘任合同书》，但由于工资较低，明显不符合高管的工资水平，法院最终采纳了该合同书尚未履行的说法。但是并非只要工资高就一定会被认定为高级管理人员，例如专家、工程师、销售人员虽然工资明显高于普通员工，但与高级管理人员无关。

综上所述，公司高级管理人员主要判断原则是结合具体任职职位、权责、薪资、履职的具体表现等据实认定。当然，对于实践中公司实际控制人的辅助人员、助理人员，民营家族企业中的家庭成员，无其职，却行其权，如何判定其是否属于高管，还需要进一步审查其履行权力的痕迹以及周期持续性行为和意思表现、行为后果等，进行综合判定。

二、企业高管的聘任或解聘

1.总经理、副总经理和财务负责人的聘任和解聘

《公司法》第四十九条规定，有限公司可以设经理，由董事会决定聘任或解聘。

《公司法》第一百一十三条规定，股份有限公司设经理，由董事会决定聘任或者解聘。

《公司法》第一百一十四条规定，公司董事会可以决定由董事会成员兼任经理。

《公司法》第四十六条第九项规定，董事会决定聘任或者解聘公司经理及其报酬事项，并根据经理的提名决定聘任或者解聘公司副经理、财务负责人及其报酬事项。

综上所述，总经理是由董事会决定聘任或解聘的。副总经理和财务负责人则由总经理提名，并由董事会决定聘任或者解聘。总经理的报酬由董事会决定，副总经理和财务负责人的薪酬先由总经理拟定再由董事会决定。

2.董事会秘书的聘任和解聘

董事会秘书必须取得证券交易所颁发的董事会秘书培训证书。同时，公司董事会出具的聘任书、通信方式及董事会秘书的合格替任人需报中国证监会、地方证券管理部门和证券交易所备案。

董事会秘书人选的确定必须经董事长提名，董事会聘任，并向股东大会报告。董事长只有提名权，董事会才有聘任权，而股东大会则拥有否决权。公司董事可以兼任公司董事会秘书，但是如果某一决议需要董事和董事会秘书分别作出时，则该兼任董事及公司董事会秘书的人不得以双重身份作出。公司聘请的会计师事务所的注册会计师和律师事务所的律师不得兼任公司董事会秘书。已确定的董事会秘书人选必须通过公共传播媒介向社会公众披露。

董事会秘书的罢免程序也十分严格。按照有关规定，凡在执行职务时，因个人行为造成重大错误或失误而给公司和投资造成重大损失的，或违反法律、法规、公司章程及证券交易所的规章制度而造成严重后果和恶劣影响的，或主管部门和证券交易所认为不具备继续出任董事会秘书条件的，则都由董事会终止对其聘任，并以书面形式报告中国证监会、地方证监会和证券交易所，认定其不得担任其他公司董事会秘书，并通过公共传播媒介向社会公众披露。对解聘处罚不服的，可以向中国证监会、地方证管部门申诉。

3. 公司章程规定的其他高管人员的聘任或解聘

公司章程规定的其他高管人员，由公司章程规定，也应由董事会聘任或解聘决定，其薪酬也先由总经理拟定再由董事会决定。

三、企业高管的职权

1. 总经理的职权

《公司法》第四十九条、第一百一十三条规定，公司可以设经理，由董事会决定聘任或者解聘。经理对董事会负责，行使下列职权：

（1）主持公司的生产经营管理工作，组织实施董事会决议；

（2）组织实施公司年度经营计划和投资方案；

（3）拟订公司内部管理机构设置方案；

（4）拟订公司的基本管理制度；

（5）制定公司的具体规章；

（6）提请聘任或者解聘公司副经理、财务负责人；

（7）决定聘任或者解聘除应由董事会决定聘任或者解聘以外的负责管理人员；

（8）董事会授予的其他职权。

公司章程对经理职权另有规定的，从其规定。

经理列席董事会会议。

根据上述规定，公司总经理具有图1-2所示的职权。

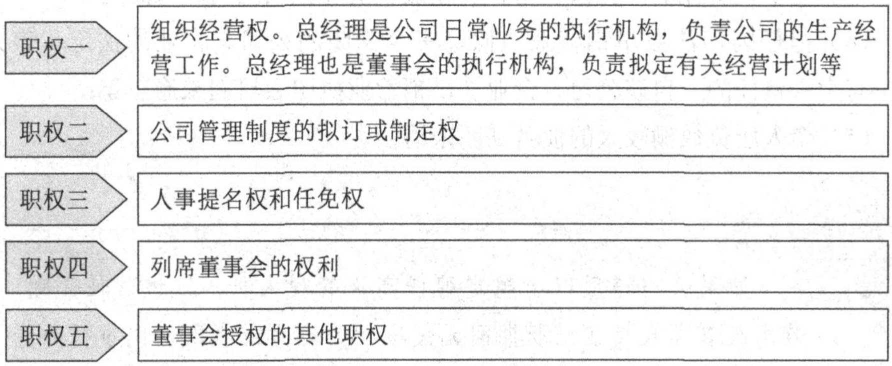

图1-2　总经理的职权

但是，如果公司章程对总经理职权另有规定，则按章程的规定执行。

2.董事会秘书的职权

董事会秘书为履行职责有权了解公司的财务和经营情况，参加涉及信息披露的有关会议，查阅涉及信息披露的所有文件，并要求公司有关部门和人员及时提供相关资料和信息。

3.财务负责人的职权

财务负责人的主要职责包括规划企业财务战略、健全企业财务制度、建立预算检查制度、审核分析财务报告、控制成本并筹划税收、调配企业营运资金、参与投资融资决策和协调内外财务关系。

四、企业高管的任职资格

根据《公司法》第一百四十六条规定，有下列情形之一的，不得担任公司的高级管理人员：

（1）无民事行为能力或者限制民事行为能力；

（2）因贪污、贿赂、侵占财产、挪用财产或者破坏社会主义市场经济秩序，被判处刑罚，执行期满未逾五年，或者因犯罪被剥夺政治权利，执行期满未逾五年；

（3）担任破产清算的公司、企业的董事或者厂长、经理，对该公司、企业的破产负有个人责任的，自该公司、企业破产清算完结之日起未逾三年；

（4）担任因违法被吊销营业执照、责令关闭的公司、企业的法定代表人，并负有个人责任的，自该公司、企业被吊销营业执照之日起未逾三年；

（5）个人所负数额较大的债务到期未清偿。

小提示

如果公司违反以上规定聘任高级管理人员，则该聘任无效。若高级管理人员在任职期间无民事行为能力或者限制民事行为能力，公司应当解除其职务。

五、企业高管的义务

1.高管的忠实义务和勤勉义务

《公司法》第一百四十七条第一款规定，高级管理人员应当遵守法律、行政法规和公司章程，对公司负有忠实义务和勤勉义务。

2.高管的禁止行为

《公司法》第一百一十五条规定，股份有限公司不得直接或者通过子公司向高级管理人员提供借款。

《公司法》第一百一十六条规定，股份公司应当定期向股东披露高级管理人员从公司获得报酬的情况。

《公司法》第一百四十七条第二款规定，高级管理人员不得利用职权收受贿赂或者其他非法收入，不得侵占公司的财产。

《公司法》第一百四十八条规定，高级管理人员不得有下列行为：

（1）挪用公司资金；

（2）将公司资金以其个人名义或者以其他个人名义开立账户存储；

（3）违反公司章程的规定，未经股东会、股东大会或者董事会同意，将公司资金借贷给他人或者以公司财产为他人提供担保；

（4）违反公司章程的规定或者未经股东会、股东大会同意，与本公司订立合同或者进行交易；

（5）未经股东会或者股东大会同意，利用职务便利为自己或者他人谋取属于公司的商业机会，自营或者为他人经营与所任职公司同类的业务；

（6）接受他人与公司交易的佣金归为己有；

（7）擅自披露公司秘密；

（8）违反对公司忠实义务的其他行为。

小提示

高级管理人员违反规定所得的收入，应当归公司所有；给公司造成损失的，应当承担赔偿责任。

3.高管的配合义务

《公司法》第一百五十条规定，股东会或者股东大会要求高级管理人员列席会议的，高级管理人员应当列席并接受股东的质询。高级管理人员应当如实向监事会或者不设监事会的有限责任公司的监事提供有关情况和资料，不得妨碍监事会或者监事行使职权。

六、企业高管的法律责任

《公司法》对企业高管的法律责任作了明确的规定，具体如表1-1所示。

表1-1 企业高管的法律责任

序号	违法行为	法律责任
1	董事、监事、高级管理人员执行公司职务时违反法律、行政法规或者公司章程的规定，给公司造成损失的	应当承担赔偿责任
2	董事、高级管理人员执行公司职务时违反法律、行政法规或者公司章程的规定，给公司造成损失的	有限责任公司的股东、股份有限公司连续一百八十日以上单独或者合计持有公司百分之一以上股份的股东（以下简称“前款规定的股东”），可以书面请求监事会或者不设监事会的有限责任公司的监事向人民法院提起诉讼

续表

序号	违法行为	法律责任
3	监事执行公司职务时违反法律、行政法规或者公司章程的规定，给公司造成损失的	前款规定的股东可以书面请求董事会或者不设董事会的有限责任公司的执行董事向人民法院提起诉讼
4	监事会、不设监事会的有限责任公司的监事，或者董事会、执行董事收到前款规定的股东书面请求后拒绝提起诉讼，或者自收到请求之日起三十日内未提起诉讼，或者情况紧急、不立即提起诉讼将会使公司利益受到难以弥补的损害的	前款规定的股东有权为了公司的利益以自己的名义直接向人民法院提起诉讼
5	董事、高级管理人员违反法律、行政法规或者公司章程的规定，损害股东利益的	股东可以向人民法院提起诉讼

律师说法

【案例背景】

原告图××（天津）有限公司系一家在天津投资设立的外商独资企业，2018年5月30日的公司章程中对董事会职责、经营管理机构设置均作了详细规定。被告马××于2014年起入职，在原告处工作，2017年12月2日与原告签订劳动合同，担任原告公用事业部经理一职，后于2020年2月4日因申请辞职与原告解除劳动关系。2019年10月9日，被告天津德××有限公司成立，被告马××系德××公司股东及法定代表人、经理，持股60%，并于2020年2月15日与德××公司签订了劳动合同。对比两公司经营范围，存在同业竞争之嫌。另查明，被告马××亦曾作为事业部经理经办过原告与飞××公司、康××公司的业务。原告提供的证据显示，2021年后被告德××公司与飞××公司建立业务关系。

原告认为，马××利用其担任原告高级管理人员的机会，积极为被告德××公司谋取商业机会，且将原本属于原告的业务与客户转移至被告德××公司名下，导致原告业务受到了极大损失，此行为严重侵害了原告的合法权益，违反了对公司的忠实义务，请求法院依法判令：

（1）确认被告马××违反对原告的忠实义务，损害原告利益，侵害原告权利。

（2）判令被告马××、德××公司连带赔偿原告人民币800万元。

（3）诉讼费用由被告马××、德××公司承担。其中，800万元赔偿金额由三部分组成：一是被告德××公司的经营收入；二是被告马××在被告德××公司的工资收入；三是因被告马××成立了被告德××公司，致使原告的客户流失到被告德××公司，给原告造成的损失。

【案例分析】

本案系公司高级管理人员损害公司利益赔偿纠纷。被告马××担任原告公用事业部经理一职，在此期间担任了德××公司股东及法定代表人、经理，持股60%，并将曾经在原告公司经办业务的客户介绍给被告德××公司，建立了业务关系。根据《公司法》第一百四十八条规定，高级管理人员不得“未经股东会或者股东大会同意，利用职务便利为自己或者他人谋取属于公司的商业机会，自营或者为他人经营与所任职公司同类的业务”，“董事、高级管理人员违反前款规定所得的收入应当归公司所有”。第一百四十九条规定，“董事、监事、高级管理人员执行公司职务时违反法律、行政法规或者公司章程的规定，给公司造成损失的，应当承担赔偿责任”。

被告马××作为原告公用事业部经理，是否属于公司高级管理人员，应结合其岗位职责对原告公司主营业务的影响以及公司章程是否对其作为高级管理人员有明确约定等进行综合审查。原告与被告德××公司经营业务存在竞争关系，因此被告马××属于“自营或者为他人经营与所任职公司同类的业务”。如果马××岗位职责对原告公司主营业务的影响重大，其作为高管人员则违反了对公司的忠实义务，应承担损失赔偿的责任，其违反规定所得的收入也应归公司所有。因此，原告诉讼请求中主张被告马××在被告德××公司的工资收入以及因被告马××成立了被告德××公司，致使原告的客户流失到被告德××公司，给原告造成的损失一般可以得到支持，法院通常会结合实际案情及当事人过错程度，酌定损失数额。但是对于被告德××公司的经营收入，由于无法确定其与被告马××违反忠实义务存在因果关系，因此一般很难得到支持。

【律师点评】

所谓“高级管理人员”并非某种具体职务或身份的专属称谓，而是一种既有典型表现形式，又允许在实践中根据需要进行衍生性使用的开放性概念。因此，在相关案件中，对公司高级管理人员的身份认定是处理此类案件的关键环节。实践中，对于高级管理人员的典型表现形式，一般采取形式审查的标准，即按照特定人员在公司所任职务与法律规定是否相符作出判断。然而，由于实践情况的复杂和多样性，形式审查亦有失范的风险存在。关于实质审查的角度，可以从如下几个方面考虑。一是审查对象的岗位职责与公司主营业务之间的关联关系。二是审查对象的薪酬待遇与其岗位职责的因果关系。三是审查对象对岗位职责的履行情况对公司主营业务状况的影响程度。综合考虑以上三方面情况，可以酌情对审查对象是否具备高级管理人员的身份进行认定。

另外，在实践中，对高级管理人员违反忠实义务的行为认定相对容易，在具体损失的判断方面存在困难。主要是由如下两方面原因造成的。第一，高级管理人员违反忠实义务的行为具有一定隐蔽性，特别是高级管理人员在所任职公司以外从事同类业务并获取收入的情况，由于涉及其他公司的经营管理信息，信息不对称导致其所任职公司在获取该部分信息方面明显不利。第二，对于高级管理人员违反忠实义务与公司存在经营不利的情形之间，由于公司经营不利的情况可能受多方面因素的影响，故对于公司经营不利造成的损失，是否可归因于高级管理人员违反忠实义务的行为，尚有讨论的余地。

第二章

与企业成立有关的法律常识

如今设立各类企业的门槛较低，创业者应根据个人的具体情况，结合不同形式企业的责任承担模式，选择合适的组织形式。目前，经营组织形态大体可分为：个体工商户、个人独资企业、一人有限责任公司、合伙企业、有限责任公司或股份有限公司。

一、个体工商户

1.设立性质

《中华人民共和国民法典》（以下简称《民法典》）第五十四条规定，自然人从事工商业经营，经依法登记，为个体工商户。《个体工商户条例》第二条规定，有经营能力的公民，依照本条例规定经工商行政管理部门登记，从事工商业经营的，为个体工商户。以上规定明确了个体工商户的性质，即个体工商户是以自然人身份依法开展经营活动的市场主体形式，其本质是自然人而不是企业组织。

2.登记事项

根据《个体工商户登记管理条例》第六条规定，个体工商户的登记事项包括图2-1所示的内容。

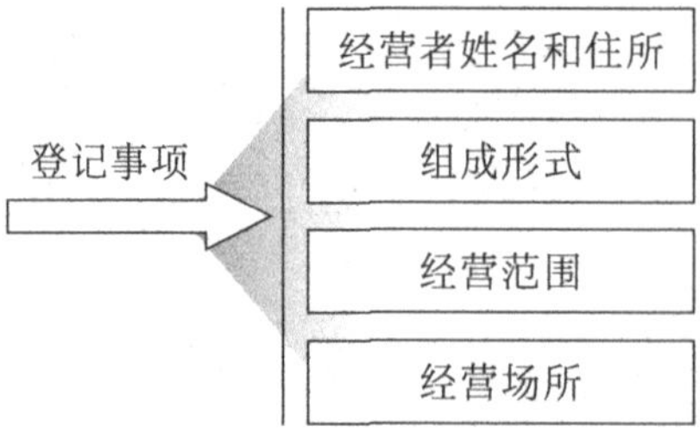

图2-1　个体工商户的登记事项

小提示

个体工商户使用名称的，名称作为登记事项。

3. 组成形式

个体工商户的组成形式，包括个人经营和家庭经营。个人经营的，以经营者本人为申请人；家庭经营的，以家庭成员中主持经营者为申请人。

4. 法律责任

《个体工商户登记管理办法》中对个体工商户的法律责任有如表2-1所示的规定。

表 2-1　个体工商户的法律责任

序号	违法行为	法律责任
1	个体工商户提交虚假材料骗取注册登记，或者伪造、涂改、出租、出借、转让营业执照的	（1）由登记机关责令改正，处4000元以下的罚款； （2）情节严重的，撤销注册登记或者吊销营业执照
2	个体工商户登记事项变更，未办理变更登记的	（1）由登记机关责令改正，处1500元以下的罚款； （2）情节严重的，吊销营业执照
3	个体工商户不将营业执照正本置于个体工商户经营场所醒目位置的	（1）由登记机关责令限期改正； （2）逾期未改正的，处500元以下的罚款

5. 债务承担方式

《民法典》第五十六条规定，个体工商户的债务，个人经营的，以个人财产承担；家庭经营的，以家庭财产承担；无法区分的，以家庭财产承担。

二、个人独资企业

1. 设立性质

根据《中华人民共和国个人独资企业法》（以下简称《个人独资企业法》）第二条的规定，个人独资企业是指依照本法在中国境内设立，由一个自然人投资，财产为投资人个人所有，投资人以其个人财产对企业债务承担无限责任的经营实体。

2. 设立条件

根据《个人独资企业法》第八条的规定，设立个人独资企业应当具备图2-2所示的条件。

- 投资人为一个自然人
- 有合法的企业名称
- 有投资人申报的出资
- 有固定的生产经营场所和必要的生产经营条件
- 有必要的从业人员

图2-2　设立个人独资企业应当具备的条件

3. 投资人及事务管理

《个人独资企业法》第十七条规定，个人独资企业投资人对本企业的财产依法享有所有权，其有关权利可以依法进行转让或继承。

《个人独资企业法》第十八条规定，个人独资企业投资人在申请企业设立登记时明确以其家庭共有财产作为个人出资的，应当依法以家庭共有财产对企业债务承担无限责任。

《个人独资企业法》第十九条规定，个人独资企业投资人可以自行管理企业事务，也可以委托或者聘用其他具有民事行为能力的人负责企业的事务管理。投资人委托或者聘用他人管理个人独资企业事务，应当与受托人或者被聘用的人签订书面合同，明确委托的具体内容和授予的权利范围。受托人或者被聘用的人员应当履行诚信、勤勉义务，按照与投资人签订的合同负责个人独资企业的事务管理。

4. 企业解散

根据《个人独资企业法》第二十六条的规定，个人独资企业有图2-3所示的情形之一时，应当解散。

1	投资人决定解散
2	投资人死亡或者被宣告死亡，无继承人或者继承人决定放弃继承
3	被依法吊销营业执照
4	法律、行政法规规定的其他情形

图2-3 个人独资企业应当解散的情形

个人独资企业解散，由投资人自行清算或者由债权人申请人民法院指定清算人进行清算。投资人自行清算的，应当在清算前15日内书面通知债权人，无法通知的，应当予以公告。债权人应当在接到通知之日起30日内，未接到通知的应当在公告之日起60日内，向投资人申报其债权。

5.债务承担方式

《个人独资企业法》第二十八条规定，个人独资企业解散后，原投资人对个人独资企业存续期间的债务仍应承担偿还责任，但债权人在5年内未向债务人提出偿债请求的，该责任消灭。

《个人独资企业法》第三十一条规定，个人独资企业财产不足以清偿债务的，投资人应当以其个人的其他财产予以清偿。

6.法律责任

《个人独资企业法》中对个人独资企业的法律责任有如表2-2所示的规定。

表2-2 个人独资企业的法律责任

序号	违法行为	法律责任
1	违反本法规定，提交虚假文件或采取其他欺骗手段，取得企业登记的	（1）责令改正，处以5000元以下的罚款； （2）情节严重的，并处吊销营业执照
2	违反本法规定，个人独资企业使用的名称与其在登记机关登记的名称不相符合的	责令限期改正，处以2000元以下的罚款

续表

序号	违法行为	法律责任
3	涂改、出租、转让营业执照的	（1）责令改正，没收违法所得，处以3000元以下的罚款； （2）情节严重的，吊销营业执照
4	伪造营业执照的	（1）责令停业，没收违法所得，处以5000元以下的罚款； （2）构成犯罪的，依法追究刑事责任
5	个人独资企业成立后无正当理由超过6个月未开业的，或者开业后自行停业连续6个月以上的	吊销营业执照
6	违反本法规定，未领取营业执照，以个人独资企业名义从事经营活动的	责令停止经营活动，处以3000元以下的罚款
7	个人独资企业登记事项发生变更时，未按本法规定办理有关变更登记的	（1）责令限期办理变更登记； （2）逾期不办理的，处以2000元以下的罚款
8	投资人委托或者聘用的人员管理个人独资企业事务时违反双方订立的合同，给投资人造成损害的	承担民事赔偿责任
9	个人独资企业违反本法规定，侵犯职工合法权益，未保障职工劳动安全，不缴纳社会保险费用的	按照有关法律、行政法规予以处罚，并追究有关责任人员的责任
10	投资人委托或者聘用的人员违反《个人独资企业法》第二十条规定，侵犯个人独资企业财产权益的	（1）责令退还侵占的财产； （2）给企业造成损失的，依法承担赔偿责任； （3）有违法所得的，没收违法所得； （4）构成犯罪的，依法追究刑事责任
11	违反法律、行政法规的规定，强制个人独资企业提供财力、物力、人力的	按照有关法律、行政法规予以处罚，并追究有关责任人员的责任
12	个人独资企业及其投资人在清算前或清算期间隐匿或转移财产，逃避债务的	（1）依法追回其财产，并按照有关规定予以处罚； （2）构成犯罪的，依法追究刑事责任
13	投资人违反本法规定，应当承担民事赔偿责任和缴纳罚款、罚金，其财产不足以支付的，或者被判处没收财产的	应当先承担民事赔偿责任

三、一人有限责任公司

1. 设立性质

根据《公司法》第五十七条规定，一人有限责任公司是指只有一个自然人股东或者一个法人股东的有限责任公司。

一个自然人只能投资设立一个一人有限责任公司。该一人有限责任公司不能投资设立新的一人有限责任公司。

2. 登记要求

《公司法》第五十九条规定，一人有限责任公司应当在公司登记中注明自然人独资或者法人独资，并在公司营业执照中载明。

3. 事务管理

（1）一人有限责任公司章程由股东制定。

（2）一人有限责任公司不设股东会。股东作出公司经营方针和投资计划的决定时，应当采用书面形式，并由股东签名后置备于公司。

（3）一人有限责任公司应当在每一会计年度终了时编制财务会计报告，并经会计师事务所审计。

4. 债务承担方式

《公司法》第六十三条规定，一人有限责任公司的股东不能证明公司财产独立于股东自己的财产的，应当对公司债务承担连带责任。

四、合伙企业

1. 设立性质

根据《中华人民共和国合伙企业法》（以下简称《合伙企业法》）第二条规定，合伙企业是指自然人、法人和其他组织依照本法在中国境内设立的普通合伙企业和有限合伙企业。其中，有限合伙企业由2个以上50个以下合伙人设立；但是，法律另有规定的除外。有限合伙企业至少应当有一个普通合伙人。

2.设立条件

设立合伙企业，应当具备图2-4所示的条件。

1. 有二个以上合伙人。合伙人为自然人的，应当具有完全民事行为能力
2. 有书面合伙协议
3. 有合伙人认缴或者实际缴付的出资
4. 有合伙企业的名称和生产经营场所
5. 法律、行政法规规定的其他条件

图2-4　设立合伙企业的条件

3.出资方式

（1）普通合伙企业。合伙人可以用货币、实物、知识产权、土地使用权或者其他财产权利出资，也可以用劳务出资。合伙人以实物、知识产权、土地使用权或者其他财产权利出资，需要评估作价的，可以由全体合伙人协商确定，也可以由全体合伙人委托法定评估机构评估。合伙人以劳务出资的，其评估办法由全体合伙人协商确定，并在合伙协议中载明。

合伙人应当按照合伙协议约定的出资方式、数额和缴付期限，履行出资义务。以非货币财产出资的，依照法律、行政法规的规定，需要办理财产权转移手续的，应当依法办理。

（2）有限合伙企业。有限合伙人可以用货币、实物、知识产权、土地使用权或者其他财产权利作价出资。有限合伙人不得以劳务出资。有限合伙人应当按照合伙协议的约定按期足额缴纳出资；未按期足额缴纳的，应当承担补缴义务，并对其他合伙人承担违约责任。

4.解散和清算

（1）解散。根据《合伙企业法》第八十五条规定，合伙企业有图2-5所示情形之一的，应当解散。

- 合伙期限届满，合伙人决定不再经营
- 合伙协议约定的解散事由出现
- 全体合伙人决定解散
- 合伙人已不具备法定人数满30天
- 合伙协议约定的合伙目的已经实现或者无法实现
- 依法被吊销营业执照、责令关闭或者被撤销
- 法律、行政法规规定的其他原因

图2-5 合伙企业应当解散的情形

（2）清算。合伙企业解散，应当由清算人进行清算。清算人由全体合伙人担任；经全体合伙人过半数同意，可以自合伙企业解散事由出现后15日内指定一个或者数个合伙人，或者委托第三人，担任清算人。自合伙企业解散事由出现之日起15日内未确定清算人的，合伙人或者其他利害关系人可以申请人民法院指定清算人。

5.债务承担方式

（1）普通合伙企业。普通合伙企业由普通合伙人组成，合伙人对合伙企业债务承担无限连带责任。《合伙企业法》对普通合伙人承担责任的形式有特别规定的，从其规定。

（2）有限合伙企业。有限合伙企业由普通合伙人和有限合伙人组成，普通合伙人对合伙企业债务承担无限连带责任，有限合伙人以其认缴的出资额为限对合伙企业债务承担责任。

有限合伙人的自有财产不足以清偿其与合伙企业无关的债务的，该合伙人可以以其从有限合伙企业中分取的收益用于清偿；债权人也可以依法请求人民法院强制执行该合伙人在有限合伙企业中的财产份额以用于清偿。

人民法院强制执行有限合伙人的财产份额时，应当通知全体合伙人。在同等条件下，其他合伙人有优先购买权。

小提示

合伙企业注销后，原普通合伙人对合伙企业存续期间的债务仍应承担无限连带责任。合伙企业不能清偿到期债务的，债权人可以依法向人民法院提出破产清算申请，也可以要求普通合伙人清偿。合伙企业依法被宣告破产的，普通合伙人对合伙企业债务仍应承担无限连带责任。

6.法律责任

《合伙企业法》对合伙企业的法律责任，有如表2-3所示的规定。

表2-3　合伙企业的法律责任

序号	违法行为	法律责任
1	提交虚假文件或者采取其他欺骗手段，取得合伙企业登记的	（1）由企业登记机关责令改正，处以5000元以上50000元以下的罚款； （2）情节严重的，撤销企业登记，并处以50000元以上200000元以下的罚款
2	合伙企业未在其名称中标明“普通合伙”“特殊普通合伙”或者“有限合伙”字样	由企业登记机关责令限期改正，处以2000元以上10000元以下的罚款
3	未领取营业执照，而以合伙企业或者合伙企业分支机构名义从事合伙业务	由企业登记机关责令停止，处以5000元以上50000元以下的罚款
4	合伙企业登记事项发生变更时，未依照规定办理变更登记的	由企业登记机关责令限期登记；逾期不登记的，处以2000元以上20000元以下的罚款
5	合伙企业登记事项发生变更，执行合伙事务的合伙人未按期申请办理变更登记	应当赔偿由此给合伙企业、其他合伙人或者善意第三人造成的损失
6	合伙人执行合伙事务，或者合伙企业从业人员利用职务上的便利，将应当归合伙企业的利益据为己有的，或者采取其他手段侵占合伙企业财产的	（1）应当将该利益和财产退还合伙企业； （2）给合伙企业或者其他合伙人造成损失的，依法承担赔偿责任
7	合伙人对本法规定或者合伙协议约定必须经全体合伙人一致同意方可执行的事务擅自处理，给合伙企业或者其他合伙人造成损失的	依法承担赔偿责任

续表

序号	违法行为	法律责任
8	不具有事务执行权的合伙人擅自执行合伙事务，给合伙企业或者其他合伙人造成损失的	依法承担赔偿责任
9	合伙人违反本法规定或者合伙协议的约定，从事与本合伙企业相竞争的业务或者与本合伙企业进行交易的	（1）该收益归合伙企业所有； （2）给合伙企业或者其他合伙人造成损失的，依法承担赔偿责任
10	清算人未依照本法规定向企业登记机关报送清算报告，或者报送清算报告隐瞒重要事实，或者有重大遗漏的	由企业登记机关责令改正。由此产生的费用和损失，由清算人承担和赔偿
11	清算人执行清算事务，牟取非法收入或者侵占合伙企业财产的	（1）应当将该收入和侵占的财产退还合伙企业； （2）给合伙企业或者其他合伙人造成损失的，依法承担赔偿责任
12	清算人违反本法规定，隐匿、转移合伙企业财产，对资产负债表或者财产清单作虚假记载，或者在未清偿债务前分配财产，损害债权人利益的	依法承担赔偿责任
13	合伙人违反合伙协议的	依法承担违约责任
14	合伙人履行合伙协议而发生争议的	（1）可以通过协商或者调解解决； （2）不愿通过协商、调解解决或者协商、调解不成的，可以按照合伙协议约定的仲裁条款或者事后达成的书面仲裁协议，向仲裁机构申请仲裁
15	合伙协议中未订立仲裁条款，事后又没有达成书面仲裁协议的	可以向人民法院起诉
16	违反本法规定，构成犯罪的	依法追究刑事责任
17	违反本法规定，应当承担民事赔偿责任和缴纳罚款、罚金，其财产不足以同时支付的	先承担民事赔偿责任

五、有限责任公司和股份有限公司

公司可分为有限责任公司和股份有限公司。具体内容请看本书第三章“与公司法有关的法律常识”。

律师说法

【案例背景】

公民甲、乙、丙订立协议约定：三人各出资1万元共同购买汽车从事货物运输，共同管理，按出资比例分利和承担亏损。三人依约出资买下一台卡车，由甲驾驶，乙、丙负责装卸货物，长期为××公司运输货物。

某日，甲、乙、丙三人饮酒吃饭后继续运送货物。途中因甲操作失当发生车祸，致使卡车毁坏，所运价值6万元的货物全部损坏。

××公司向三人索赔时，乙、丙称此车祸是甲不慎驾驶所致，发生的损失应由甲全部承担责任；甲辩称该车是三人共同购置，车祸引起损失应由三人共同承担，故不同意承担全部赔偿责任。××公司遂向人民法院起诉，要求甲、乙、丙三人共同承担赔偿责任。

那么此案例中，甲、乙、丙三人系何种法律关系？理由是什么？××公司遭受的损失应由谁负责赔偿？根据何在？

【案例分析】

本案中甲、乙、丙三人订立协议约定各出资1万元共同购买汽车从事货物运输，共同管理，按出资比例分利和承担亏损，属于个人合伙法律关系，订立的协议属于合伙合同。《民法典》第九百六十七条规定："合伙合同是两个以上合伙人为了共同的事业目的，订立的共享利益、共担风险的协议。"

《民法典》第九百七十二条规定："合伙的利润分配和亏损分担，按照合伙合同的约定办理；合伙合同没有约定或者约定不明确的，由合伙人协商决定；协商不成的，由合伙人按照实缴出资比例分配、分担；无法确定出资比例的，由合伙人平均分配、分担。"第九百七十三条规定："合伙人对合伙债务承担连带责任。清偿合伙债务超过自己应当承担份额的合伙人，有权向其他合伙人追偿。"《合伙企业法》第二十八条第一款规定："由一个或者数个合伙人执行合伙事务的，执行事务合伙人应当定期向其他合伙人报告事务执行情况以及合伙企业的经营和财务状况，其执行合伙事务所产生的收益归合伙企业，所产生的费用和亏损由合伙企业承担。"本案中，甲、乙、丙三人执行合伙事务时均存在过错，所产生的亏损由合伙企业承担。同时，甲、乙、丙三人作为合伙人对合伙企业的债务承担连带责任，应按照合伙协议约定的出资比例分担亏损，即6万元的货物损失由甲、乙、丙三人按照出资比例分担。

【律师点评】

实践中如果成立合伙关系，合伙人对合伙企业的债务是承担连带责任的。因此提醒创业者，如果要成立合伙企业，应在合伙协议中明确约定好利润分配和亏损分担的比例和方式。但是注意，《合伙企业法》第三十三条第二款规定，合伙协议不得约定将全部利润分配给部分合伙人或者由部分合伙人承担全部亏损。另外，根据《合伙企业法》第四十九条规定，对于因故意或者重大过失给合伙企业造成损失的合伙人，经其他合伙人一致同意，可以决议将其除名。

第三章

与公司法有关的法律常识

公司的设立、经营、解散等有一个专门规范它的法律，这就是《公司法》。《公司法》对公司从设立到解散的各项事务进行了详细的规定。作为企业管理者，应该了解《公司法》的有关内容，保护公司、股东和债权人的合法利益，规范公司的组织和行为。

一、公司的性质

《公司法》第三条规定，公司是企业法人，有独立的法人财产，享有法人财产权。公司以其全部财产对公司的债务承担责任。有限责任公司的股东以其认缴的出资额为限对公司承担责任；股份有限公司的股东以其认购的股份为限对公司承担责任。

二、公司法定代表人

公司法定代表人依照公司章程的规定，由董事长、执行董事或者经理担任，并依法登记。公司法定代表人变更，应当办理变更登记。

三、有限责任公司的设立

1.设立条件

根据《公司法》第二十三条规定，设立有限责任公司，应当具备图3-1所示的条件。

- 股东符合法定人数
- 有符合公司章程规定的全体股东认缴的出资额
- 股东共同制定公司章程
- 有公司名称，建立符合有限责任公司要求的组织机构
- 有公司住所

图3-1　设立有限责任公司的条件

2.出资方式

《公司法》第二十四条规定，有限责任公司由50个以下股东出资设立。

《公司法》第二十七条规定，股东可以用货币出资，也可以用实物、知识产权、土地使用权等可以用货币估价并可以依法转让的非货币财产作价出资；但是，法律、行政法规规定不得作为出资的财产除外。对作为出资的非货币财产应当评估作价，核实财产，不得高估或者低估作价。法律、行政法规对评估作价有规定的，从其规定。

3.股东的权利

《公司法》第三十三条、第三十四条有如下规定。

（1）股东有权查阅、复制公司章程、股东会会议记录、董事会会议决议、监事会会议决议和财务会计报告。

（2）股东可以要求查阅公司会计账簿。股东要求查阅公司会计账簿的，应当向公司提出书面请求，说明目的。公司有合理根据认为股东查阅会计账簿有不正当目的，可能损害公司合法利益的，可以拒绝提供查阅，并应当自股东提出书面请求之日起15日内书面答复股东并说明理由。公司拒绝提供查阅的，股东可以请求人民法院要求公司提供查阅。

（3）股东按照实缴的出资比例分取红利；公司新增资本时，股东有权优先按照实缴的出资比例认缴出资。但是，全体股东约定不按照出资比例分取红利或者不按照出资比例优先认缴出资的除外。

4. 股权转让

《公司法》第七十一条第一款规定，有限责任公司的股东之间可以相互转让其全部或者部分股权。

《公司法》第七十五条规定，自然人股东死亡后，其合法继承人可以继承股东资格；但是，公司章程另有规定的除外。

四、有限责任公司的组织机构

1. 股东会

（1）股东会的组成。《公司法》第三十六条规定，有限责任公司股东会由全体股东组成。

（2）股东会的职权。股东会是公司的权力机构，依照《公司法》行使图3-2所示的职权。

职权一	决定公司的经营方针和投资计划
职权二	选举和更换非由职工代表担任的董事、监事，决定有关董事、监事的报酬事项
职权三	审议批准董事会的报告
职权四	审议批准监事会或者监事的报告
职权五	审议批准公司的年度财务预算方案、决算方案
职权六	审议批准公司的利润分配方案和弥补亏损方案
职权七	对公司增加或者减少注册资本作出决议
职权八	对发行公司债券作出决议
职权九	对公司合并、分立、解散、清算或者变更公司形式作出决议
职权十	修改公司章程
职权十一	公司章程规定的其他职权

图3-2 股东会的职权

小提示

对前款所列事项股东以书面形式一致表示同意的，可以不召开股东会会议，直接作出决定，并由全体股东在决定文件上签名、盖章。

（3）股东会的召开。《公司法》第四十条规定，有限责任公司设立董事会的，股东会会议由董事会召集，董事长主持；董事长不能履行职务或者不履行职务的，由副董事长主持；副董事长不能履行职务或者不履行职务的，由半数以上董事共同推举一名董事主持。

有限责任公司不设董事会的，股东会会议由执行董事召集和主持。

董事会或者执行董事不能履行或者不履行召集股东会会议职责的，由监事会或者不设监事会的公司的监事召集和主持；监事会或者监事不召集和主持的，代表十分之一以上表决权的股东可以自行召集和主持。

《公司法》第三十九条规定，股东会会议分为定期会议和临时会议。定期会议应当依照公司章程的规定按时召开。代表十分之一以上表决权的股东，三分之一以上的董事，监事会或者不设监事会的公司的监事提议召开临时会议的，应当召开临时会议。

2. 董事会

（1）董事会的组成。根据《公司法》第四十四条规定，有限责任公司设董事会，其成员为3～13人。董事会设董事长1人，可以设副董事长。董事长、副董事长的产生办法由公司章程规定。《公司法》第五十条规定，执行董事股东人数较少或者规模较小的有限责任公司，可以设1名执行董事，不设董事会。执行董事可以兼任公司经理。

（2）董事会的职权。根据《公司法》第四十六条规定，董事会对股东会负责，行使图3-3所示的职权。

职权一	召集股东会会议，并向股东会报告工作
职权二	执行股东会的决议
职权三	决定公司的经营计划和投资方案

职权四	制订公司的年度财务预算方案、决算方案
职权五	制订公司的利润分配方案和弥补亏损方案
职权六	制订公司增加或者减少注册资本以及发行公司债券的方案
职权七	制订公司合并、分立、解散或者变更公司形式的方案
职权八	决定公司内部管理机构的设置
职权九	决定聘任或者解聘公司经理及其报酬事项，并根据经理的提名决定聘任或者解聘公司副经理、财务负责人及其报酬事项
职权十	制定公司的基本管理制度
职权十一	公司章程规定的其他职权

图3-3　董事会的职权

（3）董事会会议的召开。《公司法》第四十七条规定：“董事会会议由董事长召集和主持；董事长不能履行职务或者不履行职务的，由副董事长召集和主持；副董事长不能履行职务或者不履行职务的，由半数以上董事共同推举一名董事召集和主持。”

3. 监事会

（1）监事会的组成。根据《公司法》第五十一条规定，有限责任公司设监事会，其成员不得少于3人。股东人数较少或者规模较小的有限责任公司，可以设1～2名监事，不设监事会。

监事会应当包括股东代表和适当比例的公司职工代表，其中职工代表的比例不得低于三分之一，具体比例由公司章程规定。监事会中的职工代表由公司职工通过职工代表大会、职工大会或者其他形式民主选举产生。

监事会设主席1人，由全体监事过半数选举产生。监事会主席召集和主持监事会会议；监事会主席不能履行职务或者不履行职务的，由半数以上监事共同推举1名监事召集和主持监事会会议。

董事、高级管理人员不得兼任监事。

（2）监事会的职权。根据《公司法》第五十三条规定，监事会、不设监事会的公司的监事行使图3-4所示的职权。

职权一	检查公司财务
职权二	对董事、高级管理人员执行公司职务的行为进行监督，对违反法律、行政法规、公司章程或者股东会决议的董事、高级管理人员提出罢免的建议
职权三	当董事、高级管理人员的行为损害公司的利益时，要求董事、高级管理人员予以纠正
职权四	提议召开临时股东会会议，在董事会不履行本法规定的召集和主持股东会会议职责时召集和主持股东会会议
职权五	向股东会会议提出提案
职权六	依照本法第一百五十一条的规定，对董事、高级管理人员提起诉讼
职权七	公司章程规定的其他职权

图3-4　监事会及不设监事会的公司监事的职权

（3）监事会的召开。《公司法》第五十五条第一款规定，监事会每年度至少召开一次会议，监事可以提议召开临时监事会会议。

五、有限责任公司的股权转让

1.股东之间相互转让

《公司法》第七十一条第一款规定，有限责任公司的股东之间可以相互转让其全部或者部分股权。

2.股东向股东以外的人转让股权

《公司法》第七十一条有如下规定：

（1）股东向股东以外的人转让股权，应当经其他股东过半数同意。

（2）股东应就其股权转让事项书面通知其他股东征求同意，其他股东自接到书面通知之日起满30日未答复的，视为同意转让。

（3）其他股东半数以上不同意转让的，不同意的股东应当购买该转让的股权；不购买的，视为同意转让。

（4）经股东同意转让的股权，在同等条件下，其他股东有优先购买权。

（5）两个以上股东主张行使优先购买权的，协商确定各自的购买比例；协商不成的，按照转让时各自的出资比例行使优先购买权。

（6）公司章程对股权转让另有规定的，从其规定。

3.人民法院强制转让股东股权

《公司法》第七十二条规定：“人民法院依照法律规定的强制执行程序转让股东的股权时，应当通知公司及全体股东，其他股东在同等条件下有优先购买权。其他股东自人民法院通知之日起满二十日不行使优先购买权的，视为放弃优先购买权。”

六、股份有限公司的设立

1.设立条件

根据《公司法》第七十六条、第七十八条规定，设立股份有限公司，应当具备图3-5所示的条件。

条件一	发起人符合法定人数，即应当有2人以上200人以下为发起人，其中须有半数以上的发起人在中国境内有住所
条件二	有符合公司章程规定的全体发起人认购的股本总额或者募集的实收股本总额
条件三	股份发行、筹办事项符合法律规定
条件四	发起人制订公司章程，采用募集方式设立的经创立大会通过
条件五	有公司名称，建立符合股份有限公司要求的组织机构
条件六	有公司住所

图3-5 股份有限公司设立的条件

2. 设立方式

根据《公司法》第七十七条规定，股份有限公司的设立，可以采取发起设立或者募集设立的方式。具体如图3-6所示。

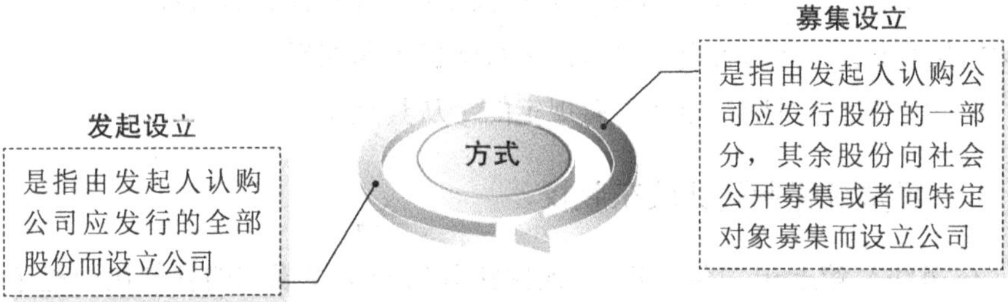

图3-6 股份有限公司设立的方式

3. 注册资本

《公司法》第八十条有如下规定。

（1）股份有限公司采取发起设立方式设立的，注册资本为在公司登记机关登记的全体发起人认购的股本总额。在发起人认购的股份缴足前，不得向他人募集股份。

（2）股份有限公司采取募集方式设立的，注册资本为在公司登记机关登记的实收股本总额。

（3）法律、行政法规以及国务院决定对股份有限公司注册资本实缴、注册资本最低限额另有规定的，从其规定。

4. 发起人的出资方式

发起人可以用货币出资，也可以用实物、知识产权、土地使用权等可以用货币估价并可以依法转让的非货币财产作价出资；但是，法律、行政法规规定不得作为出资的财产除外。

对作为出资的非货币财产应当评估作价，核实财产，不得高估或者低估作价。法律、行政法规对评估作价有规定的，从其规定。

5. 发起人的责任

《公司法》第九十三条规定："股份有限公司成立后，发起人未按照公司章程的规定缴足出资的，应当补缴；其他发起人承担连带责任。

股份有限公司成立后，发现作为设立公司出资的非货币财产的实际价额显著低于公司章程所定价额的，应当由交付该出资的发起人补足其差额；其他发起人承担连带责任。”

根据《公司法》第九十四条规定，股份有限公司的发起人应当承担图3-7所示的责任。

责任一	公司不能成立时，对设立行为所产生的债务和费用负连带责任
责任二	公司不能成立时，对认股人已缴纳的股款，负返还股款并加算银行同期存款利息的连带责任
责任三	在公司设立过程中，由于发起人的过失致使公司利益受到损害的，应当对公司承担赔偿责任

图3-7　发起人应承担的责任

七、股份有限公司的组织机构

1.股东大会

（1）股东大会的组成。根据《公司法》第九十八条规定，股份有限公司股东大会由全体股东组成。

（2）股东大会的职权。根据《公司法》第九十九条规定，股份有限公司股东大会的职权与有限责任公司股东会基本相同。

（3）股东大会的召开。根据《公司法》第一百条规定，股东大会应当每年召开1次年会。有图3-8所示情形之一的，应当在2个月内召开临时股东大会。

《公司法》第一百零一条规定：“股东大会会议由董事会召集，董事长主持；董事长不能履行职务或者不履行职务的，由副董事长主持；副董事长不能履行职务或者不履行职务的，由半数以上董事共同推举一名董事主持。

董事会不能履行或者不履行召集股东大会会议职责的，监事会应当及时召集和主持；监事会不召集和主持的，连续九十日以上单独或者合计持有公司百分之十以上股份的股东可以自行召集和主持。”

董事人数不足本法规定人数或者公司章程所定人数的2/3时

公司未弥补的亏损达实收股本总额1/3时

单独或者合计持有公司10%以上股份的股东请求时

董事会认为必要时

监事会提议召开时

公司章程规定的其他情形

图3-8　应召开临时股东大会的情形

2. 董事会

（1）董事会的组成。《公司法》第一百零八条第一、二款规定，股份有限公司设董事会，其成员为5～19人。董事会成员中可以有公司职工代表。董事会中的职工代表由公司职工通过职工代表大会、职工大会或者其他形式民主选举产生。

（2）董事会的职权。《公司法》第一百零八条第四款规定："关于有限责任公司董事会职权的规定，适用于股份有限公司董事会。"

（3）董事会的召开。《公司法》第一百一十条规定："董事会每年度至少召开两次会议，每次会议应当于会议召开十日前通知全体董事和监事。

代表十分之一以上表决权的股东、三分之一以上董事或者监事会，可以提议召开董事会临时会议。董事长应当自接到提议后十日内，召集和主持董事会会议。

董事会召开临时会议，可以另定召集董事会的通知方式和通知时限。"

3. 监事会

（1）监事会的组成。根据《公司法》第一百一十七条规定，股份有限公司设监事会，其成员不得少于3人。监事会应当包括股东代表和适当比例的公司职工代表，其中职工代表的比例不得低于1/3。监事会中的职工代表由公司职工通过职工代表大会、职工大会或者其他形式民主选举产生。

监事会设主席1人，可设副主席。

（2）监事会的职权。根据《公司法》第一百一十八条规定，股份有限公司监事会的职权与有限责任公司监事会基本相同。

（3）监事会的召开。《公司法》第一百一十九条第一款规定："监事会每六个月至少召开一次会议。监事可以提议召开临时监事会会议。"

八、股份有限公司的股份发行和转让

1.股份发行

（1）股份发行的形式。《公司法》第一百二十五条规定，股份有限公司的资本划分为股份，每一股的金额相等。公司的股份采取股票的形式。股票是公司签发的证明股东所持股份的凭证。

股票的发行要求如图3-9所示。

要求一	股票发行价格可以按票面金额，也可以超过票面金额，但不得低于票面金额
要求二	股票采用纸面形式或者国务院证券监督管理机构规定的其他形式
要求三	公司发行的股票，可以为记名股票，也可以为无记名股票
要求四	股份有限公司成立后，即向股东正式交付股票。公司成立前不得向股东交付股票

图3-9　股票发行的要求

（2）股份发行的原则。《公司法》第一百二十六条规定，股份的发行，实行公平、公正的原则，同种类的每一股份应当具有同等权利。

同次发行的同种类股票，每股的发行条件和价格应当相同；任何单位或者个人所认购的股份，每股应当支付相同价额。

2.股份转让

《公司法》第一百三十七条规定："股东持有的股份可以依法转让。"

（1）发起人股份转让。《公司法》第一百四十一条第一款规定："发起人持有的本公司股份，自公司成立之日起一年内不得转让。公司公开发行股份前已发行的股份，自公司股票在证券交易所上市交易之日起一年内不得转让。”

（2）公司高管股份转让。《公司法》第一百四十一条第二款规定：“公司董事、监事、高级管理人员应当向公司申报所持有的本公司的股份及其变动情况，在任职期间每年转让的股份不得超过其所持有本公司股份总数的百分之二十五；所持本公司股份自公司股票上市交易之日起一年内不得转让。上述人员离职后半年内，不得转让其所持有的本公司股份。公司章程可以对公司董事、监事、高级管理人员转让其所持有的本公司股份作出其他限制性规定。”

小提示

股东转让其股份，应当在依法设立的证券交易场所进行或者按照国务院规定的其他方式进行。

九、公司的解散与清算

1.公司解散的原因

根据《公司法》第一百八十条规定，公司因图3-10所示的原因解散。

原因一	公司章程规定的营业期限届满或者公司章程规定的其他解散事由出现
原因二	股东会或者股东大会决议解散
原因三	因公司合并或者分立需要解散
原因四	依法被吊销营业执照、责令关闭或者被撤销
原因五	人民法院依照本法第一百八十二条的规定予以解散

图3-10　公司解散的原因

《公司法》第一百八十二条规定：“公司经营管理发生严重困难，继续存续会使股东利益受到重大损失，通过其他途径不能解决的，持有公司全部股东表决权百分之十以上的股东，可以请求人民法院解散公司。”

2. 公司清算组

《公司法》第一百八十三条规定："公司因本法第一百八十条第（一）项、第（二）项、第（四）项、第（五）项规定而解散的，应当在解散事由出现之日起十五日内成立清算组，开始清算。有限责任公司的清算组由股东组成，股份有限公司的清算组由董事或者股东大会确定的人员组成。逾期不成立清算组进行清算的，债权人可以申请人民法院指定有关人员组成清算组进行清算。人民法院应当受理该申请，并及时组织清算组进行清算。"

十、公司的法律责任

对于公司的法律责任，《公司法》有表3-1所示的规定。

表3-1　公司的法律责任

序号	违法行为	法律责任
1	违反本法规定，虚报注册资本、提交虚假材料或者采取其他欺诈手段隐瞒重要事实取得公司登记的	（1）由公司登记机关责令改正，对虚报注册资本的公司，处以虚报注册资本金额5%以上15%以下的罚款； （2）对提交虚假材料或者采取其他欺诈手段隐瞒重要事实的公司，处以5万元以上50万元以下的罚款； （3）情节严重的，撤销公司登记或者吊销营业执照
2	公司的发起人、股东虚假出资，未交付或者未按期交付作为出资的货币或者非货币财产的	由公司登记机关责令改正，处以虚假出资金额5%以上15%以下的罚款
3	公司的发起人、股东在公司成立后，抽逃其出资的	由公司登记机关责令改正，处以所抽逃出资金额5%以上15%以下的罚款
4	公司违反本法规定，在法定的会计账簿以外另立会计账簿的	由县级以上人民政府财政部门责令改正，处以5万元以上50万元以下的罚款
5	公司在依法向有关主管部门提供的财务会计报告等材料上作虚假记载或者隐瞒重要事实的	由有关主管部门对直接负责的主管人员和其他直接责任人员处以3万元以上30万元以下的罚款
6	公司不依照本法规定提取法定公积金的	由县级以上人民政府财政部门责令如数补足应当提取的金额，可以对公司处以20万元以下的罚款

续表

序号	违法行为	法律责任
7	公司在合并、分立、减少注册资本或者进行清算时，不依照本法规定通知或者公告债权人的	由公司登记机关责令改正，对公司处以1万元以上10万元以下的罚款
8	公司在进行清算时，隐匿财产，对资产负债表或者财产清单作虚假记载或者在未清偿债务前分配公司财产的	（1）由公司登记机关责令改正，对公司处以隐匿财产或者未清偿债务前分配公司财产金额5%以上10%以下的罚款； （2）对直接负责的主管人员和其他直接责任人员处以1万元以上10万元以下的罚款
9	公司在清算期间开展与清算无关的经营活动的	由公司登记机关予以警告，没收违法所得
10	清算组不依照本法规定向公司登记机关报送清算报告，或者报送清算报告隐瞒重要事实或者有重大遗漏的	由公司登记机关责令改正
11	清算组成员利用职权徇私舞弊、谋取非法收入或者侵占公司财产的	由公司登记机关责令退还公司财产，没收违法所得，并可以处以违法所得1倍以上5倍以下的罚款
12	未依法登记为有限责任公司或者股份有限公司，而冒用有限责任公司或者股份有限公司名义的，或者未依法登记为有限责任公司或者股份有限公司的分公司，而冒用有限责任公司或者股份有限公司的分公司名义的	由公司登记机关责令改正或者予以取缔，可以并处10万元以下的罚款
13	公司成立后无正当理由超过6个月未开业的，或者开业后自行停业连续6个月以上的	可以由公司登记机关吊销营业执照
14	公司登记事项发生变更时，未依照本法规定办理有关变更登记的	（1）由公司登记机关责令限期登记； （2）逾期不登记的，处以1万元以上10万元以下的罚款
15	利用公司名义从事危害国家安全、社会公共利益的严重违法行为的	吊销营业执照
16	公司违反本法规定，应当承担民事赔偿责任和缴纳罚款、罚金的，其财产不足以支付时	先承担民事赔偿责任
17	违反本法规定，构成犯罪的	依法追究刑事责任

律师说法

【案例背景】

甲公司由4位发起人设立，每人出资250万元，注册资本1000万元。其中，股东李某因缺乏足够的出资能力，拟向朋友张某借款150万元。张某听李某介绍该公司前景后，产生投资意愿，两人遂商定张某作为隐名股东，投入该150万元，股权登记在李某名下，相应的红利均由张某享有。设立后的前三年，公司经营红火，张某每年均从李某处取得分红款。第四年开始，张某未能再收到分红款，李某解释称公司经营不善。张某对该解释不予认可，以股东身份要求行使知情权，被甲公司拒绝。

张某诉至法院，要求确认其为甲公司股东，享有15%的股权。诉讼中，张某、李某确认纠纷发生前甲公司及其他股东并不知晓两人关于隐名出资的约定。在此情况下，法院征求其他三位股东的意见，仅有一人不反对张某成为公司股东，另两人明确表示基于之前与张某不认识，不同意其成为公司股东。

法院生效判决认为，因未获得公司其他股东半数以上的同意，根据《最高人民法院关于适用〈中华人民共和国公司法〉若干问题的规定（三）》第二十五条的规定，实际出资人张某要求确认其为股东的请求，缺乏依据。遂判决：驳回张某的诉讼请求。

【案例分析】

本案属于隐名出资人要求显名从而成为公司股东的纠纷。根据《最高人民法院关于适用〈中华人民共和国公司法〉若干问题的规定（三）》第二十五条规定，有限责任公司的实际出资人与名义出资人订立合同，约定由实际出资人出资并享有投资权益，以名义出资人为名义股东，实际出资人与名义股东对该合同效力发生争议的，如无法律规定的无效情形，人民法院应当认定该合同有效。前款规定的实际出资人与名义股东因投资权益的归属发生争议，实际出资人以其实际履行了出资义务为由向名义股东主张权利的，人民法院应予支持。名义股东以公司股东名册记载、公司登记机关登记为由否认实际出资人权利的，人民法院不予支持。实际出资人未经公司其他股东半数以上同意，请求公司变更股东、签发出资证明书、记载于股东名册、记载于公司章程并办理公司登记机关登记的，人民法院不予支持。

本案中实际出资人张某与名义出资人李某之间关于张某隐名出资150万元，股权登记在李某名下，相应的红利均由张某享有的约定合法有效。根据前述法律规定，张某向法院诉请要求确认其为甲公司股东需要甲公司半数以上股东同意，在只有一人不反对其成为股东的情况下，人民法院对其请求不予支持。

【律师点评】

实践中鉴于各种不方便直接出资的原因，隐名股东的情形非常普遍。但隐名股东的风险也很明显，即在不能取得公司半数股东以上同意的情况下，其无法显名成为公司的股东，相应地也无法享有显名股东应有的知情权等股东权利。但根据《全国法院民商事审判工作会议纪要》第28条规定，实际出资人能够提供证据证明有限责任公司过半数的其他股东知道其实际出资的事实，且对其实际行使股东权利未曾提出异议的，对实际出资人提出的登记为公司股东的请求，人民法院依法予以支持。公司以实际出资人的请求不符合公司法司法解释（三）第24条的规定为由抗辩的，人民法院不予支持。因此，提醒创业者，如果要作为隐名股东出资，必须与实际出资人就出资权益的归属等达成书面约定。同时，争取与其他股东及公司签订书面协议，明确各方对股权代持的知悉和同意也显得很重要。另外，积极参与公司管理，委派管理人员或其他人员参与公司经营决策也是预防风险的方式。

第四章

与税务有关的法律常识

依法纳税是企业的责任和义务。对于企业的税收，企业管理者需要在经济业务的整体流程中控制税收风险点，需要根据企业的长远发展做税务筹划，在税法允许的前提下，合理规避税务风险，争取企业利益最大化，实现企业自身的可持续发展。

一、税收的概念

税收是指国家为了向社会提供公共产品，满足社会共同需要，按照法律的规定，参与社会产品的分配，强制、无偿取得财政收入的一种规范形式。税收是一种非常重要的政策工具。

二、现行税种

我国现行税种有18个：增值税、消费税、企业所得税、个人所得税、资源税、城市维护建设税、房产税、印花税、城镇土地使用税、土地增值税、车船税、车辆购置税、烟叶税、耕地占用税、契税、环境保护税、船舶吨税、关税。

在此，简单介绍与企业经营有关的增值税与企业所得税。

1.增值税

在中华人民共和国境内销售服务、无形资产或者不动产（以下称应税行为）的单位和个人，为增值税纳税人，应当依法缴纳增值税。

（1）增值税的征税范围。增值税的征税范围包括销售服务、无形资产或者不动产，具体见表4-1。

表 4-1 增值税的征税范围

征税范围	类目	具体内容
销售服务	交通运输服务	是指利用运输工具将货物或者旅客送达目的地，使其空间位置得到转移的业务活动。包括陆路运输服务、水路运输服务、航空运输服务和管道运输服务
	邮政服务	是指中国邮政集团公司及其所属邮政企业提供邮件寄递、邮政汇兑和机要通信等邮政基本服务的业务活动。包括邮政普遍服务、邮政特殊服务和其他邮政服务
	电信服务	是指利用有线、无线的电磁系统或者光电系统等各种通信网络资源，提供语音通话服务，传送、发射、接收或者应用图像、短信等电子数据和信息的业务活动。包括基础电信服务和增值电信服务
	建筑服务	是指各类建筑物、构筑物及其附属设施的建造、修缮、装饰，线路、管道、设备、设施等的安装以及其他工程作业的业务活动。包括工程服务、安装服务、修缮服务、装饰服务和其他建筑服务
	金融服务	是指经营金融保险的业务活动。包括贷款服务、直接收费金融服务、保险服务和金融商品转让
	现代服务	是指围绕制造业、文化产业、现代物流产业等提供技术性、知识性服务的业务活动。包括研发和技术服务、信息技术服务、文化创意服务、物流辅助服务、租赁服务、鉴证咨询服务、广播影视服务、商务辅助服务和其他现代服务
	生活服务	是指为满足城乡居民日常生活需求提供的各类服务活动。包括文化体育服务、教育医疗服务、旅游娱乐服务、餐饮住宿服务、居民日常服务和其他生活服务
销售无形资产	无形资产	无形资产，是指不具实物形态，但能带来经济利益的资产，包括技术、商标、著作权、商誉、自然资源使用权和其他权益性无形资产。其中： （1）技术，包括专利技术和非专利技术。 （2）自然资源使用权，包括土地使用权、海域使用权、探矿权、采矿权、取水权和其他自然资源使用权。 （3）其他权益性无形资产，包括基础设施资产经营权、公共事业特许权、配额、经营权（包括特许经营权、连锁经营权、其他经营权）、经销权、分销权、代理权、会员权、席位权、网络游戏虚拟道具、域名、名称权、肖像权、冠名权、转会费等
销售不动产	不动产	不动产，是指不能移动或者移动后会引起性质、形状改变的财产，包括建筑物、构筑物等。其中： （1）建筑物，包括住宅、商业营业用房、办公楼等可供居住、工作或者进行其他活动的建造物。 （2）构筑物，包括道路、桥梁、隧道、水坝等建造物

销售服务、无形资产或者不动产，是指有偿提供服务、有偿转让无形资产或者不动产，但属于下列非经营活动的情形除外。

① 行政单位收取的同时满足以下条件的政府性基金或者行政事业性收费。

◆由国务院或者财政部批准设立的政府性基金，由国务院或者省级人民政府及其财政、价格主管部门批准设立的行政事业性收费；

◆收取时开具省级以上（含省级）财政部门监（印）制的财政票据；

◆所收款项全额上缴财政。

② 单位或者个体工商户聘用的员工为本单位或者雇主提供取得工资的服务。

③ 单位或者个体工商户为聘用的员工提供服务。

④ 财政部和国家税务总局规定的其他情形。

（2）增值税的税率和征税率。增值税的纳税人分为一般纳税人和小规模纳税人。

应税行为的年应征增值税销售额（以下称应税销售额）超过财政部和国家税务总局规定标准的纳税人为一般纳税人，未超过规定标准的纳税人为小规模纳税人。

年应税销售额超过规定标准的其他个人不属于一般纳税人。年应税销售额超过规定标准但不经常发生应税行为的单位和个体工商户可选择按照小规模纳税人纳税。

① 一般纳税人增值税税率如表4-2所示。

表4-2 一般纳税人增值税税率

应税范围	税目	税率
销售或进口货物	粮食等农产品、食用植物油、食用盐	9%
	自来水、暖气、冷气、热水、煤气、石油液化气、沼气、二甲醚、天然气、居民用煤炭制品	
	图书、报纸、杂志、音像制品、电子出版物	
	饲料、化肥、农药、农机、农膜	
	国务院规定的其他货物	
	除以上列举的货物	13%
销售劳务	加工、修理修配劳务	13%
销售无形资产	转让技术、商标、著作权、商誉、自然资源和其他权益性无形资产使用权或所有权	6%
	土地使用权	9%

续表

<table>
<tr><th>应税范围</th><th colspan="2">税目</th><th>税率</th></tr>
<tr><td>销售不动产</td><td colspan="2">转让建筑物、构筑物等不动产所有权</td><td>9%</td></tr>
<tr><td>交通运输服务</td><td colspan="2">陆路运输服务、水路运输服务、航空运输服务（含航天运输服务）、管道服务、无运输工具承运业务</td><td>9%</td></tr>
<tr><td>邮政服务</td><td colspan="2">邮政普遍服务、邮政特殊服务、其他邮政服务</td><td>9%</td></tr>
<tr><td rowspan="2">电信服务</td><td colspan="2">基础电信服务</td><td>9%</td></tr>
<tr><td colspan="2">增值电信服务</td><td>6%</td></tr>
<tr><td>建筑服务</td><td colspan="2">工程服务、安装服务、修缮服务、装饰服务、其他建筑服务</td><td>9%</td></tr>
<tr><td>金融服务</td><td colspan="2">贷款服务、直接收费金融服务、金融商品转让</td><td>6%</td></tr>
<tr><td rowspan="3">现代服务</td><td colspan="2">研发和技术服务、信息技术服务、文化创意服务、物流辅助服务、鉴证咨询服务、广播影视服务、商务辅助服务、其他现代服务</td><td>6%</td></tr>
<tr><td rowspan="2">租赁服务</td><td>有形动产</td><td>13%</td></tr>
<tr><td>不动产</td><td>9%</td></tr>
<tr><td>生活服务</td><td colspan="2">文化体育服务、教育医疗服务、旅游娱乐服务、餐饮住宿服务、居民日常服务、其他生活服务</td><td>6%</td></tr>
<tr><td rowspan="3">出口货物、
服务、
无形资产</td><td colspan="2">出口货物（国务院另有规定的除外）</td><td rowspan="2">0%</td></tr>
<tr><td colspan="2">跨境销售国务院规定范围内服务、无形资产</td></tr>
<tr><td colspan="2">销售货物、劳务，提供的跨境应税行为，符合免税条件</td><td>免税</td></tr>
</table>

注：对于出口货物、服务、无形资产销售适用增值税零税率的服务或无形资产的，可以放弃适用增值税零税率，选择免税或按规定缴纳增值税。放弃适用增值税零税率后，36个月内不得再申请适用增值税税率。

② 小规模纳税人发生应税行为适用简易计税方法计税，具体如表4-3所示。

表4-3　小规模纳税人增值税税率

<table>
<tr><th colspan="2">小规模纳税人以及允许适用简易计税方式计税的一般纳税人</th><th>征收率</th></tr>
<tr><td>小规模纳税人</td><td>销售货物；加工、修理修配劳务；销售应税服务（另有规定的除外）；销售无形资产</td><td rowspan="2">3%</td></tr>
<tr><td colspan="2">一般纳税人发生按规定适用或者可以选择适用简易计税方法的特定应税行为（适用5%征收率除外）</td></tr>
</table>

续表

<table>
<tr><th colspan="2">小规模纳税人以及允许适用简易计税方式计税的一般纳税人</th><th>征收率</th></tr>
<tr><td colspan="2">销售不动产</td><td rowspan="7">5%</td></tr>
<tr><td colspan="2">符合条件的经营租赁不动产（土地使用权）</td></tr>
<tr><td colspan="2">转让营改增前取得的土地使用权</td></tr>
<tr><td colspan="2">房地产开发企业销售、出租自行开发的房地产老项目</td></tr>
<tr><td colspan="2">特定的不动产融资租赁</td></tr>
<tr><td colspan="2">选择差额纳税的劳务派遣服务、安全保护服务</td></tr>
<tr><td colspan="2">一般纳税人提供人力资源外包服务</td></tr>
<tr><td colspan="2">建筑服务（劳务清包工程及甲供材）</td><td rowspan="2">3%</td></tr>
<tr><td colspan="2">试点前开工的高速公路车辆通行费</td></tr>
<tr><td colspan="2">个体工商户和其他个人出租住房</td><td>5%减按1.5%</td></tr>
<tr><td>小规模纳税人</td><td rowspan="2">销售自己使用过的固定资产</td><td rowspan="3">3%减按2%</td></tr>
<tr><td>符合规定情形的一般纳税人</td></tr>
<tr><td colspan="2">销售旧货</td></tr>
<tr><td colspan="2">2020年5月1日—2023年12月31日，销售二手车</td><td>3%减按0.5%</td></tr>
</table>

2.企业所得税

（1）征税范围。《中华人民共和国企业所得税法》（以下简称《企业所得税法》）第一条第一款规定：“在中华人民共和国境内，企业和其他取得收入的组织（以下统称企业）为企业所得税的纳税人，依照本法的规定缴纳企业所得税。”

其中企业分为图4-1所示的两种。

居民企业：是指依法在中国境内成立，或者依照外国（地区）法律成立但实际管理机构在中国境内的企业

非居民企业：是指依照外国（地区）法律成立且实际管理机构不在中国境内，但在中国境内设立机构、场所的，或者在中国境内未设立机构、场所，但有来源于中国境内所得的企业

图4-1　企业的分类

（2）征税率。《企业所得税法》第四条规定：“企业所得税的税率为25%。

非居民企业取得本法第三条第三款[1]规定的所得，适用税率为20%。”

---

[1] 非居民企业在中国境内未设立机构、场所的，或者虽设立机构、场所但取得的所得与其所设机构、场所没有实际联系的，应当就其来源于中国境内的所得缴纳企业所得税。

（3）应纳税所得额。《企业所得税法》第五条规定："企业每一纳税年度的收入总额，减除不征税收入、免税收入、各项扣除以及允许弥补的以前年度亏损后的余额，为应纳税所得额。"

收入总额是指企业以货币形式和非货币形式从各种来源取得的收入，包括图4-2所示的内容。

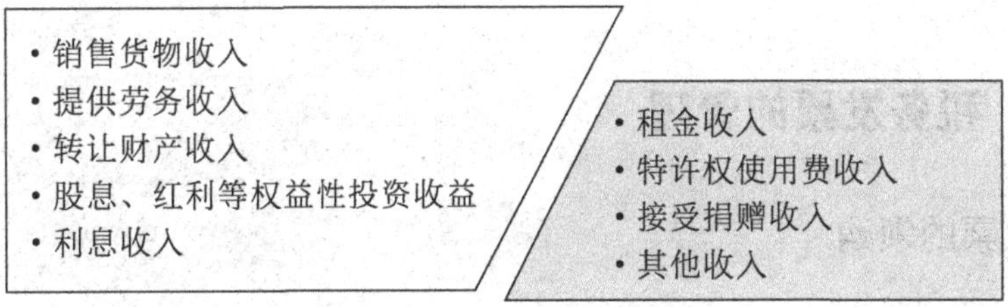

图4-2 企业收入总额的范围

三、税务登记

1.办理税务登记的纳税人

（1）开业登记。《中华人民共和国税收征收管理法》（以下简称《税收征收管理法》）第十五条第一款规定："企业，企业在外地设立的分支机构和从事生产、经营的场所，个体工商户和从事生产、经营的事业单位（以下统称从事生产、经营的纳税人）自领取营业执照之日起三十日内，持有关证件，向税务机关申报办理税务登记。"

《中华人民共和国税收征收管理法实施细则（以下简称《税收征收管理法实施细则》）》第十二条第一、二款规定："从事生产、经营的纳税人应当自领取营业执照之日起30日内，向生产、经营地或者纳税义务发生地的主管税务机关申报办理税务登记，如实填写税务登记表，并按照税务机关的要求提供有关证件、资料。

前款规定以外的纳税人，除国家机关和个人外，应当自纳税义务发生之日起30日内，持有关证件向所在地的主管税务机关申报办理税务登记。"

（2）变更登记。《税收征收管理法》第十六条规定："从事生产、经营的纳税人，税务登记内容发生变化的，自工商行政管理机关办理变更登记之日起三十日内或者在向工商行政管理机关申请办理注销登记之前，持有关证件向税务机关申报办理变更或者注销税务登记。”

2.税务登记的办理

新设立的企业、农民专业合作社和个体工商户由市场监管部门核发加载统一社会信用代码的营业执照，无需单独办理税务登记。

四、税务发票的管理

1.发票的领购

根据《中华人民共和国发票管理办法》（以下简称《发票管理办法》）第十五条规定，需要领购发票的单位和个人，应当持税务登记证件、经办人身份证明、按照国务院税务主管部门规定式样制作的发票专用章的印模，向主管税务机关办理发票领购手续。

《发票管理办法》第十七条第一款规定，临时到本省、自治区、直辖市以外从事经营活动的单位或者个人，应当凭所在地税务机关的证明，向经营地税务机关领购经营地的发票。

2.发票的开具和保管

《发票管理办法》第十九条规定，销售商品、提供服务以及从事其他经营活动的单位和个人，对外发生经营业务收取款项，收款方应当向付款方开具发票；特殊情况下，由付款方向收款方开具发票。

根据《发票管理办法》，发票的开具要求如图4-3所示。

1. 开具发票应当按照规定的时限、顺序、栏目，全部联次一次性如实开具，并加盖发票专用章
2. 安装税控装置的单位和个人，应当按照规定使用税控装置开具发票，并按期向主管税务机关报送开具发票的数据
3. 使用非税控电子器具开具发票的，应当将非税控电子器具使用的软件程序说明资料报主管税务机关备案，并按照规定保存、报送开具发票的数据

4 除国务院税务主管部门规定的特殊情形外，发票限于领购单位和个人在本省、自治区、直辖市内开具。省、自治区、直辖市税务机关可以规定跨市、县开具发票的办法

5 开具发票的单位和个人应当建立发票使用登记制度，设置发票登记簿，并定期向主管税务机关报告发票使用情况

6 开具发票的单位和个人应当在办理变更或者注销税务登记的同时，办理发票和发票领购簿的变更、缴销手续

7 开具发票的单位和个人应当按照税务机关的规定存放和保管发票，不得擅自损毁。已经开具的发票存根联和发票登记簿，应当保存5年。保存期满，报经税务机关查验后销毁

图4-3 发票的开具要求

五、纳税申报

1. 申报方式

根据《税收征收管理法实施细则》第三十条规定，纳税人、扣缴义务人可以采取邮寄、数据电文方式办理纳税申报或者报送代扣代缴、代收代缴税款报告表。数据电文方式，是指税务机关确定的电话语音、电子数据交换和网络传输等电子方式。

（1）邮寄方式申报。《税收征收管理法实施细则》第三十一条第一款规定，纳税人采取邮寄方式办理纳税申报的，应当使用统一的纳税申报专用信封，并以邮政部门收据作为申报凭据。邮寄申报以寄出的邮戳日期为实际申报日期。

（2）电子方式申报。《税收征收管理法实施细则》第三十一条第二款规定，纳税人采取电子方式办理纳税申报的，应当按照税务机关规定的期限和要求保存有关资料，并定期书面报送主管税务机关。

2. 申报资料

根据《税收征收管理法实施细则》第三十四条规定，纳税人办理纳税申报时，应当如实填写纳税申报表，并根据不同的情况相应报送下列有关证件、资料：

（1）财务会计报表及其说明材料；

（2）与纳税有关的合同、协议书及凭证；

（3）税控装置的电子报税资料；

（4）外出经营活动税收管理证明和异地完税凭证；

（5）境内或者境外公证机构出具的有关证明文件；

（6）税务机关规定应当报送的其他有关证件、资料。

六、税款征收

1.税款缴纳

《税收征收管理法》第四条第三款规定，纳税人、扣缴义务人必须依照法律、行政法规的规定缴纳税款、代扣代缴、代收代缴税款。

对于税款缴纳，《税收征收管理法》第三章有如下规定。

（1）纳税人、扣缴义务人按照法律、行政法规规定或者税务机关依照法律、行政法规的规定确定的期限，缴纳或者解缴税款。

（2）纳税人因有特殊困难，不能按期缴纳税款的，经省、自治区、直辖市国家税务局、地方税务局批准，可以延期缴纳税款，但是最长不得超过三个月。

（3）纳税人未按照规定期限缴纳税款的，扣缴义务人未按照规定期限解缴税款的，税务机关除责令限期缴纳外，从滞纳税款之日起，按日加收滞纳税款万分之五的滞纳金。

（4）纳税人有合并、分立情形的，应当向税务机关报告，并依法缴清税款。纳税人合并时未缴清税款的，应当由合并后的纳税人继续履行未履行的纳税义务；纳税人分立时未缴清税款的，分立后的纳税人对未履行的纳税义务应当承担连带责任。

（5）欠缴税款数额较大的纳税人在处分其不动产或者大额资产之前，应当向税务机关报告。欠缴税款的纳税人因怠于行使到期债权，或者放弃到期债权，或者无偿转让财产，或者以明显不合理的低价转让财产而受让人知道该情形，对国家税收造成损害的，税务机关可以依照《民法典》的规定行使代位权、撤销权。

（6）纳税人有图4-4所示情形之一的，税务机关有权核定其应纳税额。

情形一	依照法律、行政法规的规定可以不设置账簿的
情形二	依照法律、行政法规的规定应当设置账簿但未设置的
情形三	擅自销毁账簿或者拒不提供纳税资料的
情形四	虽设置账簿，但账目混乱或者成本资料、收入凭证、费用凭证残缺不全，难以查账的
情形五	发生纳税义务，未按照规定的期限办理纳税申报，经税务机关责令限期申报，逾期仍不申报的
情形六	纳税人申报的计税依据明显偏低，又无正当理由的

图4-4　税务机关有权核定应纳税额的情形

（7）企业或者外国企业在中国境内设立的从事生产、经营的机构、场所与其关联企业之间的业务往来，应当按照独立企业之间的业务往来收取或者支付价款、费用；不按照独立企业之间的业务往来收取或者支付价款、费用，而减少其应纳税的收入或者所得额的，税务机关有权进行合理调整。

2.税收强制执行

根据《税收征收管理法》第四十条规定，从事生产、经营的纳税人、扣缴义务人未按照规定的期限缴纳或者解缴税款，纳税担保人未按照规定的期限缴纳所担保的税款，由税务机关责令限期缴纳，逾期仍未缴纳的，经县以上税务局（分局）局长批准，税务机关可以采取下列强制执行措施：

（1）书面通知其开户银行或者其他金融机构从其存款中扣缴税款；

（2）扣押、查封、依法拍卖或者变卖其价值相当于应纳税款的商品、货物或者其他财产，以拍卖或者变卖所得抵缴税款。

税务机关采取强制执行措施时，对前款所列纳税人、扣缴义务人、纳税担保人未缴纳的滞纳金同时强制执行。

七、税收法律责任

纳税人、扣缴义务人违反《税收征收管理办法》相关规定，根据其情节的轻重，将会受到不同程度的处罚，具体如表4-4所示。

表 4-4 税收违法行为的法律责任

序号	违法行为	法律责任
1	纳税人有下列行为之一的： （1）未按照规定的期限申报办理税务登记、变更或者注销登记的； （2）未按照规定设置、保管账簿或者保管记账凭证和有关资料的； （3）未按照规定将财务、会计制度或者财务、会计处理办法和会计核算软件报送税务机关备查的； （4）未按照规定将其全部银行账号向税务机关报告的； （5）未按照规定安装、使用税控装置，或者损毁或者擅自改动税控装置的	（1）由税务机关责令限期改正，可以处2000元以下的罚款； （2）情节严重的，处2000元以上1万元以下的罚款
2	纳税人不办理税务登记的	（1）由税务机关责令限期改正； （2）逾期不改正的，经税务机关提请，由工商行政管理机关吊销其营业执照
3	纳税人未按照规定使用税务登记证件，或者转借、涂改、损毁、买卖、伪造税务登记证件的	（1）处2000元以上1万元以下的罚款； （2）情节严重的，处1万元以上5万元以下的罚款
4	扣缴义务人未按照规定设置、保管代扣代缴、代收代缴税款账簿或者保管代扣代缴、代收代缴税款记账凭证及有关资料的	（1）由税务机关责令限期改正，可以处2000元以下的罚款； （2）情节严重的，处2000元以上5000元以下的罚款
5	纳税人未按照规定的期限办理纳税申报和报送纳税资料的，或者扣缴义务人未按照规定的期限向税务机关报送代扣代缴、代收代缴税款报告表和有关资料的	（1）由税务机关责令限期改正，可以处2000元以下的罚款； （2）情节严重的，可以处2000元以上1万元以下的罚款
6	纳税人偷税的，即纳税人伪造、变造、隐匿、擅自销毁账簿、记账凭证，或者在账簿上多列支出或者不列、少列收入，或者经税务机关通知申报而拒不申报或者进行虚假的纳税申报，不缴或者少缴应纳税款的	（1）由税务机关追缴其不缴或者少缴的税款、滞纳金，并处不缴或者少缴的税款50%以上5倍以下的罚款； （2）构成犯罪的，依法追究刑事责任
7	扣缴义务人伪造、变造、隐匿、擅自销毁账簿、记账凭证，或者在账簿上多列支出或者不列、少列收入，或者经税务机关通知申报而拒不申报或者进行虚假的纳税申报，不缴或者少缴已扣、已收税款的	（1）由税务机关追缴其不缴或者少缴的税款、滞纳金，并处不缴或者少缴的税款50%以上5倍以下的罚款； （2）构成犯罪的，依法追究刑事责任

续表

序号	违法行为	法律责任
8	纳税人、扣缴义务人编造虚假计税依据的	由税务机关责令限期改正，并处5万元以下的罚款
9	纳税人不进行纳税申报，不缴或者少缴应纳税款的	由税务机关追缴其不缴或者少缴的税款、滞纳金，并处不缴或者少缴的税款50%以上5倍以下的罚款
10	纳税人欠缴应纳税款，采取转移或者隐匿财产的手段，妨碍税务机关追缴欠缴的税款的	（1）由税务机关追缴欠缴的税款、滞纳金，并处欠缴税款50%以上5倍以下的罚款； （2）构成犯罪的，依法追究刑事责任
11	以假报出口或者其他欺骗手段，骗取国家出口退税款的	（1）由税务机关追缴其骗取的退税款，并处骗取税款1倍以上5倍以下的罚款； （2）构成犯罪的，依法追究刑事责任
12	以暴力、威胁方法拒不缴纳税款的	除由税务机关追缴其拒缴的税款、滞纳金外，依法追究刑事责任
13	以暴力、威胁方法拒不缴纳税款，情节轻微，未构成犯罪的	由税务机关追缴其拒缴的税款、滞纳金，并处拒缴税款1倍以上5倍以下的罚款
14	纳税人、扣缴义务人在规定期限内不缴或者少缴应纳或者应解缴的税款，经税务机关责令限期缴纳，逾期仍未缴纳的	税务机关除采取强制执行措施追缴其不缴或者少缴的税款外，可以处不缴或者少缴的税款50%以上5倍以下的罚款
15	扣缴义务人应扣未扣、应收而不收税款的	由税务机关向纳税人追缴税款，对扣缴义务人处应扣未扣、应收未收税款50%以上3倍以下的罚款
16	纳税人、扣缴义务人逃避、拒绝或者以其他方式阻挠税务机关检查的	（1）由税务机关责令改正，可以处1万元以下的罚款； （2）情节严重的，处1万元以上5万元以下的罚款
17	违反本法第二十二条规定，非法印制发票的	（1）由税务机关销毁非法印制的发票，没收违法所得和作案工具，并处1万元以上5万元以下的罚款； （2）构成犯罪的，依法追究刑事责任
18	从事生产、经营的纳税人、扣缴义务人有本法规定的税收违法行为，拒不接受税务机关处理的	税务机关可以收缴其发票或者停止向其发售发票

续表

序号	违法行为	法律责任
19	纳税人、扣缴义务人的开户银行或者其他金融机构拒绝接受税务机关依法检查纳税人、扣缴义务人存款账户，或者拒绝执行税务机关作出的冻结存款或者扣缴税款的决定，或者在接到税务机关的书面通知后帮助纳税人、扣缴义务人转移存款，造成税款流失的	由税务机关处10万元以上50万元以下的罚款，对直接负责的主管人员和其他直接责任人员处1000元以上1万元以下的罚款

律师说法

【案例背景】

某县国税局纳税评估工作人员在对某企业纳税评估时，发现该企业2015年1～6月的增值税纳税申报存在明显的税负偏低现象。经过纳税人对增值税税负低的现象进行举证及对纳税人的财务人员和老板进行约谈后，发现该企业存有如下税收违法行为：该企业1～6月每月进项税额与销售税额基本相差不大，实际是该企业的财务经理"筹划"的结果。该企业的财务经理通过参加培训班后听信"某老师""税收筹划"方法，将企业当月销售收入与企业进项税额对比，将多出进项税额的部分转移到下月作收入达到"避税"的目的。

那么，此企业的这一行为是否违法？如果违法，应按何种违法行为进行处罚？

【案例分析】

本案中该企业的行为属于纳税人通过在账簿上少列收入从而少缴应纳税款的偷税行为，违反了《税收征收管理法》第六十三条规定。根据该规定：纳税人伪造、变造、隐匿、擅自销毁账簿、记账凭证，或者在账簿上多列支出或者不列、少列收入，或者经税务机关通知申报而拒不申报或者进行虚假的纳税申报，不缴或者少缴应纳税款的，是偷税。对纳税人偷税的，由税务机关追缴其不缴或者少缴的税款、滞纳金，并处不缴或者少缴的税款百分之五十以上五倍以下的罚款；构成犯罪的，依法追究刑事责任。同时，根据

《中华人民共和国刑法》(以下简称《刑法》)第二百零一条规定，纳税人采取欺骗、隐瞒手段进行虚假纳税申报或者不申报，逃避缴纳税款数额较大并且占应纳税额百分之十以上的，处三年以下有期徒刑或者拘役，并处罚金；数额巨大并且占应纳税额百分之三十以上的，处三年以上七年以下有期徒刑，并处罚金。

【律师点评】

这个案例提醒创业者：依法纳税是每个公民应尽的义务。2021年12月发生的“某主播偷逃税被追缴并处罚款13.41亿元”事件足够给予我们警示：偷漏逃税（偷税、漏税、逃税）零容忍。在税收数据监管之下，税务合规比税务筹划更重要，企业家们在提升企业税务治理水平上应该多下功夫。那么，如何区分合理避税、节税和偷漏逃税呢？实际上，避税和偷漏逃税的边界很难区分。合理避税，指的是在遵守法律的前提下，在法律允许的范围内，进行合理避税。企业通过利用起征点、减免税等优惠政策，以税负最低的方式来处理财务、经营、交易事项。“节税”与“合理避税”是对政府政策进行充分了解、分析之后，所采取的合法合理手段，是每个纳税人应该行使的权利。它一方面能为纳税人带来切实的税收利益，另一方面，又能实现国家政策背后的宏观调控意图。偷漏逃税则是通过非法手段不缴或少缴应纳税款或者是指纳税人不熟悉税法规定和财务制度，或者工作粗心大意等造成漏缴或者少缴税款的行为，如错用税率、漏报应税项目、少计应税数量、错算销售金额和经营利润等。因此，在遇到大规模行业税务检查时，建议企业家们定期制订自查补税计划，筹措资金，积极主动补税。

第五章

与劳动用工有关的法律常识

现代人的法律意识很强，大多都懂得运用法律武器维护自身的权益，尤其是劳动关系模块。因此，作为企业管理者，应明白劳动者的哪些权益是受法律保护的，企业如何做才能不违反法律法规，如何减少和避免劳动纠纷的发生。

一、与劳动保障相关的法律法规

主要的劳动保障相关法律法规如下。

（1）《中华人民共和国劳动法》（以下简称《劳动法》）。

（2）《中华人民共和国劳动合同法》（以下简称《劳动合同法》）。

（3）《中华人民共和国就业促进法》（以下简称《就业促进法》）。

（4）《中华人民共和国劳动争议调解仲裁法》（以下简称《劳动争议调解仲裁法》）。

（5）《中华人民共和国劳动合同法实施条例》（以下简称《劳动合同法实施条例》）。

（6）《失业保险条例》。

（7）《工伤保险条例》。

（8）《女职工劳动保护特别规定》。

二、与劳动合同相关的法律常识

1.劳动合同的必备条款

劳动合同的必备条款是指法律规定的劳动合同必须具备的内容。在法律规定了必备条款的情况下，如果劳动合同缺少此类条款，劳动合同就不能成立。

劳动合同应当以书面形式订立。根据《劳动合同法》第十七条规定，劳动合同应具备图5-1所示的条款。

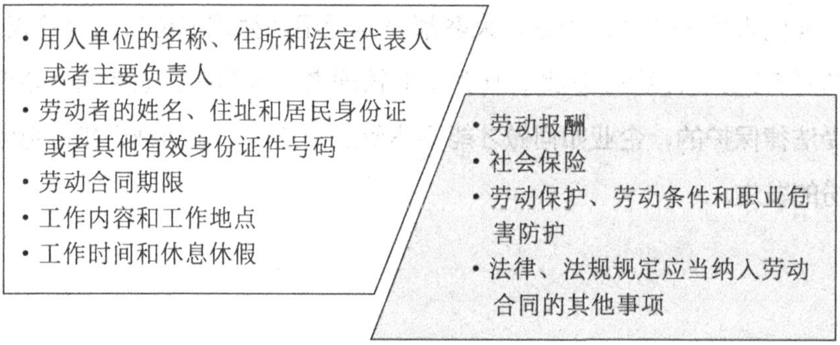

图5-1　劳动合同的必备条款

劳动合同除以上规定的必备条款外，用人单位与劳动者可以约定试用期、培训、保守秘密、补充保险和福利待遇等其他事项。

2.劳动合同的期限

劳动合同期限是指合同的有效时间，它一般始于合同的生效之日，终于合同的终止之时。

《劳动合同法》第十二条规定，劳动合同分为固定期限劳动合同、无固定期限劳动合同和以完成一定工作任务为期限的劳动合同。具体如图5-2所示。

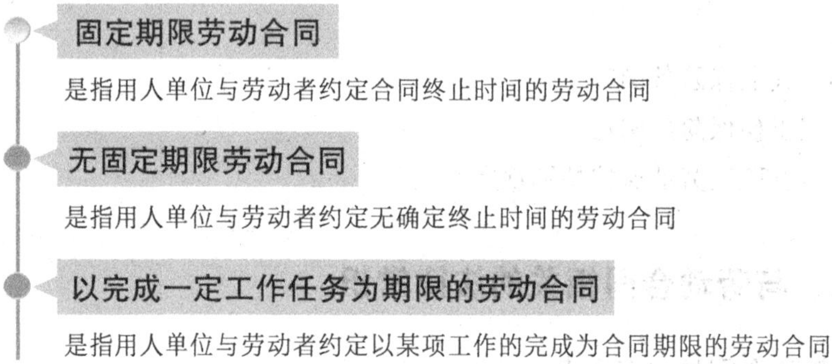

图5-2　劳动合同分类

合理地确定劳动合同期限，对当事人双方来说，都是至关重要的。确定劳动合同期限除了坚持劳动合同订立的原则外，还要掌握以下两条原则。

（1）有利于企业发展生产的原则。订立劳动合同的期限首先必须从生产实际出发，根据企业生产和工作的需要来确定。

（2）兼顾当事人双方利益的原则。确定劳动合同期限时，不能只强调企业的生产工作需要，也应当兼顾员工个人利益，尊重员工个人意愿。

总之，当事人双方都应当处理好眼前利益和长远利益的关系，合理确定劳动合同的期限。

3.签订劳动合同时的告知义务

《劳动合同法》第八条规定了企业与员工的如实告知义务。所谓如实告知义务，是指在企业招用员工时，企业与员工应将双方的基本情况，如实向对方说明的义务。告知应当以一种合理并且适当的方式进行，要求能够让对方及时知道和了解。

（1）企业的告知义务。根据《劳动合同法》第八条规定，企业对员工的如实告知义务，体现在企业招用员工时，应当如实告知员工图5-3所示的内容。

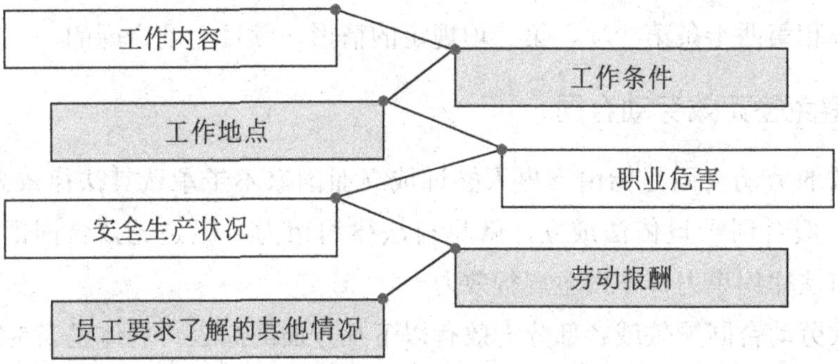

图5-3 企业应如实告知员工的内容

这些内容是法定的并且无条件的，无论员工是否提出知悉要求，企业都应当主动将上述情况如实向员工说明。

除此以外，对于员工要求了解的其他情况，如企业相关的规章制度，包括企业内部的各种劳动纪律、规定、考勤制度、休假制度、请假制度、处罚制度以及企业内已经签订的集体合同等，企业都应当进行详细的说明。

（2）员工的告知义务。员工的告知义务是附条件的，只有在企业要求了解员工与劳动合同直接相关的基本情况时，员工才有如实说明的义务。员工与劳动合同直接相关的基本情况包括健康状况、知识技能、学历、职业资格、工作经历以及部分与工作有关的员工个人情况，如家庭住址、主要家庭成员构成等。

企业与员工双方都应当如实告知另一方真实的情况，不能欺骗。如果一方向另一方提供虚假信息，将有可能导致劳动合同的无效。

比如，员工向企业提供虚假学历证明，企业未如实告知工作岗位存在患职业病的可能等，都属于《劳动合同法》规定的采取欺诈的手段订立的劳动合同，该劳动合同无效。

4.必须订立无固定期限劳动合同的情形

根据《劳动合同法》第十四条规定，有下列情形之一，劳动者提出或者同意续订、订立劳动合同的，除劳动者提出订立固定期限劳动合同外，应当订立无固定期限劳动合同。

（1）劳动者在该用人单位连续工作满10年的。

（2）用人单位初次实行劳动合同制度或者国有企业改制重新订立劳动合同时，劳动者在该用人单位连续工作满10年且距法定退休年龄不足10年的。

（3）连续订立两次固定期限劳动合同，且劳动者没有《劳动合同法》第三十九条和第四十条第一项、第二项规定的情形，续订劳动合同的。

5.避免签无效劳动合同

无效的劳动合同是指由当事人签订成立而国家不予承认其法律效力的劳动合同。一般合同一旦依法成立，就具有法律约束力，但是无效合同即使成立，也不具有法律约束力，不发生履行效力。

导致劳动合同无效或者部分无效有以下几方面的原因，具体见表5-1。

表5-1　劳动合同无效或者部分无效的原因

序号	原因	表现形式
1	劳动合同因违反国家法律、行政法规的强制性规定而无效	（1）用人单位和员工中的一方或者双方不具备订立劳动合同的法定资格的，如签订劳动合同的员工一方必须是具有劳动权利能力和劳动行为能力的公民，企业与未满十六周岁的未成年人订立的劳动合同就是无效的劳动合同（国家另有规定的除外）。 （2）劳动合同的内容直接违反法律、法规的规定，如员工与矿山企业在劳动合同中约定的劳动保护条件不符合《中华人民共和国矿山安全法》的有关规定，他们所订立的劳动合同就是无效的。 （3）劳动合同因损害国家利益和社会公共利益而无效

续表

序号	原因	表现形式
2	订立劳动合同因采取欺诈手段而无效	（1）在没有履行能力的情况下，签订合同。如根据《劳动法》第五十五条的规定，从事特种作业的员工必须经过专门培训并取得特种作业资格。应聘的员工并没有这种资格，提供了假的资格证书。 （2）行为人负有义务向他方如实告知某种真实情况而故意不告知的
3	订立劳动合同因采取胁迫手段或乘人之危而无效	胁迫是指当事人一方以将要发生的损害或者以直接实施损害相威胁，可能涉及生命、身体、财产、名誉、自由、健康等方面损害，迫使另一方处于恐怖或者其他被胁迫的状态而签订劳动合同
4	用人单位免除自己的法定责任、排除员工的权利的劳动合同无效	劳动合同简单化，法定条款缺失，仅规定员工的义务，有的甚至规定“生老病死都与企业无关”“用人单位有权根据生产经营变化及员工的工作情况调整其工作岗位，员工必须服从单位的安排”等霸王条款

6. 对拒签劳动合同的员工立即终止劳动关系

《劳动合同法实施条例》第二章第五条规定：“自用工之日起一个月内，经用人单位书面通知后，劳动者不与用人单位订立书面劳动合同的，用人单位应当书面通知劳动者终止劳动关系，无需向劳动者支付经济补偿，但是应当依法向劳动者支付其实际工作时间的劳动报酬。”

对于用人单位来说，考虑到劳动争议案件中的举证责任分配，为了减少风险及工作量，用人单位在与劳动者建立劳动关系之日起一个月内应尽快安排与其签订劳动合同，对于拒签合同的劳动者，在满一个月前应立即书面通知终止与其之间的劳动关系；如果已经满一个月的，要立即书面通知终止劳动关系，但此时需要支付经济补偿金。对于这些没有诚信的劳动者来说，他们在今后的工作中一般也会存在各种各样的问题，所以作为用人单位来说，立即终止与他们之间的劳动关系虽然会损失一些招聘成本，但是可以避免可能出现的更多损失。

用人单位在按这一规定具体操作时需要注意一个细节，就是对于书面终止通知，应注意保存通知送达的证据。用人单位在录用员工的时候便让员工在入职声明或员工简历中书面确认接收公司书面文件的送达地址，那么用人单位在终止劳动关系时可以通过快递方式（最好是EMS）邮寄通知并保存邮寄单，证明公司依法终止与拒签劳动合同劳动者之间的劳动关系，这样可以避免陷入违法解除合同的情形。

另外，企业最好向单位所在劳动部门咨询如何处理，如果有企业咨询过的记录，将来该劳动者向劳动部门投诉时，这会减少一些后续麻烦。

7.不得与劳动者解除劳动合同的情形

根据《劳动合同法》第四十二条规定，劳动者有下列情形之一的，用人单位不得依照《劳动合同法》第四十条、第四十一条的规定与其解除劳动合同。

（1）从事接触职业病危害作业的劳动者未进行离岗前职业健康检查，或者疑似职业病病人在诊断或者医学观察期间的。

（2）在本单位患职业病或者因工负伤并被确认丧失或者部分丧失劳动能力的。

（3）患病或者非因工负伤，在规定的医疗期内的。

（4）女职工在孕期、产期、哺乳期的。

（5）在本单位连续工作满15年，且距法定退休年龄不足5年的。

（6）法律、行政法规规定的其他情形。

8.用人单位单方解除劳动合同的，应履行的手续

根据《劳动合同法》第四十三条规定，用人单位单方解除劳动合同，应当事先将理由通知工会。用人单位违反法律、行政法规规定或者劳动合同约定的，工会有权要求用人单位纠正。用人单位应当研究工会的意见，并将处理结果书面通知工会。

9.在什么情形下劳动合同终止

根据《劳动合同法》第四十四条规定，有下列情形之一的，劳动合同终止。

（1）劳动合同期满的。

（2）劳动者开始依法享受基本养老保险待遇的。

（3）劳动者死亡，或者被人民法院宣告死亡或者宣告失踪的。

（4）用人单位被依法宣告破产的。

（5）用人单位被吊销营业执照、责令关闭、撤销或者用人单位决定提前解散的。

（6）法律、行政法规规定的其他情形。

10. 劳动合同是否可以因约定条件出现而终止

根据《劳动合同法》第四十四条规定，劳动合同终止必须符合该条规定的情形，也就是说，劳动合同不可因约定条件出现而终止。劳动合同中约定劳动合同终止条件的，该条款无效。

三、工资福利制度

工资是用人单位依据国家有关规定或劳动合同的约定，以货币形式直接支付给本单位劳动者的劳动报酬。它包括计时工资、计件工资、加班加点工资、奖金、津贴和补贴以及特殊情况下支付的工资。

1. 工资应多长时间支付一次

《劳动法》第五十条规定：“工资应当以货币形式按月支付给劳动者本人。不得克扣或者无故拖欠劳动者的工资。”

实行周、日、小时工资制的，也可以按周、日、小时支付工资。劳动者本人因故不能领取工资时，可由其亲属或委托他人代领。

2. 最低工资

最低工资是指劳动者在法定工作时间内履行了正常劳动义务的前提下，由其所在单位支付的最低劳动报酬。最低工资标准由各省、自治区、直辖市人民政府确定并面向社会公布。由于各地经济发展水平不同，最低工资标准也就不同，即使在同一个省市，各区县标准也不同，而且都要进行定期调整。

用人单位支付给劳动者的工资不得低于当地最低工资标准。

3. 应如何支付劳动者加班工资

企业在法定工作时间之外安排劳动者加班，须向劳动者额外支付加班费。在工作日延长工作时间的，支付不低于150% 的工资报酬；休息日加班又不能安排补休的，支付不低于200% 的工资报酬；法定休假日加班的，支付不低于300% 的工资报酬。

四、社会保险制度

1.用人单位的义务

根据《社会保险法》的相关规定，用人单位应该履行的社会保险义务可归纳为以下三个方面。

（1）申请办理社会保险的登记义务。根据《社会保险法》第五十七条规定，用人单位应当自成立之日起三十日内凭营业执照、登记证书或者单位印章，向当地社会保险经办机构申请办理社会保险登记。

（2）申报和缴纳社会保险费的义务。根据《社会保险法》第五十八条规定，用人单位应当自用工之日起三十日内为其职工向社会保险经办机构申请办理社会保险登记。

（3）代扣代缴职工社会保险费的义务。根据《社会保险法》第六十条规定，用人单位应当自行申报、按时足额缴纳社会保险费，非因不可抗力等法定事由不得缓缴、减免。职工应当缴纳的社会保险费由用人单位代扣代缴，用人单位应当按月将缴纳社会保险费的明细情况告知本人。

2.法律责任

（1）《社会保险法》第八十四条规定，用人单位不办理社会保险登记的，由社会保险行政部门责令限期改正；逾期不改正的，对用人单位处应缴社会保险费数额一倍以上三倍以下的罚款，对其直接负责的主管人员和其他直接责任人员处五百元以上三千元以下的罚款。

（2）《社会保险法》第八十五条规定，用人单位拒不出具终止或者解除劳动关系证明的，依照《中华人民共和国劳动合同法》的规定处理。

（3）《社会保险法》第八十六条规定，用人单位未按时足额缴纳社会保险费的，由社会保险费征收机构责令限期缴纳或者补足，并自欠缴之日起，按日加收万分之五的滞纳金；逾期仍不缴纳的，由有关行政部门处欠缴数额一倍以上三倍以下的罚款。

五、工作时间和休息休假制度

1.工作时间

根据《劳动法》及《国务院关于职工工作时间的规定》《全国年节及纪念日放假办法》等法律、法规的规定，国家实行劳动者每日工作时间不超过8小时、平均每周工作时间不超过44小时的工时制度；用人单位应当保证劳动者每周至少休息一日，并且在元旦、春节、国际劳动节、国庆节和法律、法规规定的其他休假节日，依法安排劳动者休假。

用人单位由于生产经营需要，经与工会和劳动者协商后可以延长工作时间，一般每日不得超过1小时；因特殊原因需要延长工作时间的，在保障劳动者身体健康的条件下延长工作时间每日不得超过3小时，但是每月不得超过36小时。

2.带薪年休假

《劳动法》第四十五条明确规定，国家实行带薪年休假制度。劳动者连续工作一年以上的，享受带薪年休假。具体办法由国务院规定。

《职工带薪年休假条例》第三条规定："职工累计工作已满1年不满10年的，年休假5天；已满10年不满20年的，年休假10天；已满20年的，年休假15天。

国家法定休假日、休息日不计入年休假的假期。"

六、女职工劳动保护的规定

国家对女职工实行特殊劳动保护。《女职工劳动特别保护规定》第三条明确规定，用人单位应当加强女职工劳动保护，采取措施改善女职工劳动安全卫生条件，对女职工进行劳动安全卫生知识培训。

（1）用人单位应当遵守女职工禁忌从事的劳动范围的规定。用人单位应当将本单位属于女职工禁忌从事的劳动范围的岗位书面告知女职工。

（2）女职工禁忌从事的劳动范围由本规定附录列示。国务院安全生产监督管理部门会同国务院人力资源社会保障行政部门、国务院卫生行政部门根据经济社会发展情况，对女职工禁忌从事的劳动范围进行调整。

（3）用人单位不得因女职工怀孕、生育、哺乳而降低其工资、予以辞退、与其解除劳动或者聘用合同。

（4）女职工在孕期不能适应原劳动的，用人单位应根据医疗机构的证明，予以减轻劳动量或者安排其他能够适应的劳动。对怀孕7个月以上的女职工，用人单位不得延长劳动时间或者安排夜班劳动，并应当在劳动时间内安排一定的休息时间。怀孕女职工在劳动时间内进行产前检查，所需时间计入劳动时间。

（5）女职工生育享受98天产假，其中产前可以休假15天；难产的，应增加产假15天；生育多胞胎的，每多生育1个婴儿，可增加产假15天。

女职工怀孕未满4个月流产的，享受15天产假；怀孕满4个月流产的，享受42天产假。

（6）女职工产假期间的生育津贴，对已经参加生育保险的，按照用人单位上年度职工月平均工资的标准由生育保险基金支付；对未参加生育保险的，按照女职工产假前工资的标准由用人单位支付。

（7）女职工生育或者流产的医疗费用，按照生育保险规定的项目和标准，对已经参加生育保险的，由生育保险基金支付；对未参加生育保险的，由用人单位支付。

（8）对哺乳未满1周岁婴儿的女职工，用人单位不得延长劳动时间或者安排夜班劳动。

（9）用人单位应当在每天的劳动时间内为哺乳期女职工安排1小时哺乳时间；女职工生育多胞胎的，每多哺乳1个婴儿每天增加1小时哺乳时间。

（10）女职工比较多的用人单位应当根据女职工的需要，建立女职工卫生室、孕妇休息室、哺乳室等设施，妥善解决女职工在生理卫生、哺乳方面的困难。

（11）在劳动场所，用人单位应当预防和制止对女职工的性骚扰。

七、国家对未成年工劳动保护的规定

国家对年满16周岁未满18周岁的未成年工，实行特殊劳动保护。对未成年工的使用和特殊保护实行登记备案制度。用人单位录用未成年工的，应当到当地劳动保障部门办理审核备案手续。

不得安排未成年工从事矿山井下、有毒有害、国家规定的第四级体力劳动强度的劳动和其他禁忌从事的劳动。用人单位应按下列要求对未成年工定期进行健康检查：

（1）安排工作岗位前；

（2）工作满一年；

（3）年满18周岁，距前一次体检时间已超过半年。

八、劳动争议的处理

劳动争议又称劳动纠纷，是劳动者与用人单位因实现劳动权利和履行劳动义务而发生的纠纷。

1.劳动争议处理机构

我国劳动争议处理机构有劳动争议调解委员会、劳动争议仲裁委员会、人民法院。

2.劳动争议的解决方式及处理程序

《劳动法》第七十九条规定："劳动争议发生后，当事人可以向本单位劳动争议调解委员会申请调解；调解不成，当事人一方要求仲裁的，可以向劳动争议仲裁委员会申请仲裁。当事人一方也可以直接向劳动争议仲裁委员会申请仲裁。对仲裁裁决不服的，可以向人民法院提起诉讼。"

九、违反劳动保障的法律责任

《劳动法》对用人单位的违法行为及处罚作了明确规定，如表5-2所示。

表5-2 违反劳动保障的法律责任

序号	违法行为	法律责任
1	用人单位制定的劳动规章制度违反法律、法规规定的	（1）由劳动行政部门给予警告，责令改正； （2）对劳动者造成损害的，应当承担赔偿责任
2	用人单位违反本法规定，延长劳动者工作时间的	由劳动行政部门给予警告，责令改正，并可以处以罚款

续表

序号	违法行为	法律责任
3	用人单位有下列侵害劳动者合法权益情形之一的： （1）克扣或者无故拖欠劳动者工资的； （2）拒不支付劳动者延长工作时间工资报酬的； （3）低于当地最低工资标准支付劳动者工资的； （4）解除劳动合同后，未依照本法规定给予劳动者经济补偿的	由劳动行政部门责令支付劳动者的工资报酬、经济补偿，并可以责令支付赔偿金
4	用人单位的劳动安全设施和劳动卫生条件不符合国家规定或者未向劳动者提供必要的劳动防护用品和劳动保护设施的	（1）由劳动行政部门或者有关部门责令改正，可以处以罚款； （2）情节严重的，提请县级以上人民政府决定责令停产整顿
5	对事故隐患不采取措施，致使发生重大事故，造成劳动者生命和财产损失的	对责任人员依照刑法有关规定追究刑事责任
6	用人单位强令劳动者违章冒险作业，发生重大伤亡事故，造成严重后果的	对责任人员依法追究刑事责任
7	用人单位非法招用未满十六周岁的未成年人的	（1）由劳动行政部门责令改正，处以罚款； （2）情节严重的，由市场监督管理部门吊销营业执照
8	用人单位违反本法对女职工和未成年工的保护规定，侵害其合法权益的	（1）由劳动行政部门责令改正，处以罚款； （2）对女职工或者未成年工造成损害的，应当承担赔偿责任
9	用人单位有下列行为之一的： （1）以暴力、威胁或者非法限制人身自由的手段强迫劳动的； （2）侮辱、体罚、殴打、非法搜查和拘禁劳动者的	（1）由公安机关对责任人员处以十五日以下拘留、罚款或者警告； （2）构成犯罪的，对责任人员依法追究刑事责任
10	由于用人单位的原因订立的无效合同，对劳动者造成损害的	应当承担赔偿责任
11	用人单位违反本法规定的条件解除劳动合同或者故意拖延不订立劳动合同的	（1）由劳动行政部门责令改正； （2）对劳动者造成损害的，应当承担赔偿责任

续表

序号	违法行为	法律责任
12	用人单位招用尚未解除劳动合同的劳动者，对原用人单位造成经济损失的	该用人单位应当依法承担连带赔偿责任
13	用人单位无故不缴纳社会保险费的	（1）由劳动行政部门责令其限期缴纳； （2）逾期不缴的，可以加收滞纳金
14	用人单位无理阻挠劳动行政部门、有关部门及其工作人员行使监督检查权，打击报复举报人员的	（1）由劳动行政部门或者有关部门处以罚款； （2）构成犯罪的，对责任人员依法追究刑事责任

律师说法

【案例背景】

张某于202×年6月入职某快递公司，双方订立的劳动合同约定试用期为3个月，试用期月工资为8000元，工作时间执行某快递公司规章制度相关规定。某快递公司规章制度规定，工作时间为早9时至晚9时，每周工作6天。2个月后，张某以工作时间严重超过法律规定上限为由拒绝超时加班安排，某快递公司即以张某在试用期间被证明不符合录用条件为由与其解除劳动合同。

张某向劳动人事争议仲裁委员会（简称仲裁委员会）申请仲裁，请求裁决某快递公司支付违法解除劳动合同赔偿金8000元。

仲裁委员会裁决某快递公司支付张某违法解除劳动合同赔偿金8000元（裁决为终局裁决）。仲裁委员会将案件情况通报劳动保障监察机构，劳动保障监察机构对某快递公司规章制度违反法律、法规规定的情形责令其改正，给予警告。

【案例分析】

本案中用人单位有两个行为违反了劳动相关法律规定。

首先，要求员工张某按照规章制度规定，每天工作12小时，每周工作6

天，这违反了《中华人民共和国劳动法》。根据该法律第三十六条规定："国家实行劳动者每日工作时间不超过八小时、平均每周工作时间不超过四十四小时的工时制度。"第四十一条规定："用人单位由于生产经营需要，经与工会和劳动者协商后可以延长工作时间，一般每日不得超过一小时；因特殊原因需要延长工作时间的，在保障劳动者身体健康的条件下延长工作时间每日不得超过三小时，但是每月不得超过三十六小时。"因此，该快递公司的规章制度是严重违反劳动法规定的。根据《中华人民共和国劳动合同法》第七十四条第四项规定，县级以上地方人民政府劳动行政部门依法对"用人单位遵守国家关于劳动者工作时间和休息休假规定的情况"进行监督检查。第八十条规定："用人单位直接涉及劳动者切身利益的规章制度违反法律、法规规定的，由劳动行政部门责令改正，给予警告；给劳动者造成损害的，应当承担赔偿责任。"因此，本案中劳动保障监察机构对该快递公司给予了警告，责令其改正。

其次，该快递公司在张某拒绝超时加班后以张某在试用期间被证明不符合录用条件为由与其解除劳动合同，属于违法解除劳动合同。《中华人民共和国劳动合同法》第二十一条规定："在试用期中，除劳动者有本法第三十九条和第四十条第一项、第二项规定的情形外，用人单位不得解除劳动合同。用人单位在试用期解除劳动合同的，应当向劳动者说明理由。"根据第三十九条第一项规定，劳动者在试用期间被证明不符合录用条件的，用人单位可以解除劳动合同。第四十条第一项、第二项规定："（一）劳动者患病或者非因工负伤，在规定的医疗期满后不能从事原工作，也不能从事由用人单位另行安排的工作的；（二）劳动者不能胜任工作，经过培训或者调整工作岗位，仍不能胜任工作的。"本案中，张某并没有第四十条第一项和第二项规定的情形，至于是否存在试用期不符合录用条件的情形，根据《关于审理劳动争议案件适用法律若干问题的解释》（法释〔2001〕14号）第十三条规定，"因用人单位……解除劳动合同……，由用人单位负举证责任"。因此，快递公司需要证明张某不符合其岗位的条件以及考核标准，当然前提是这些岗位条件和考核标准需要合理合法。显然，在工作时间违反法律规定的前提下，快递公司无法承担该举证责任，属于违法解除劳动合同。根据《中华人民共和国劳动合同法》第八十七条，"用人单位违反本法规定解除或者终止劳动合同的，应当依照本法第四十七条规定的经济补偿标准的二倍向劳动者支付赔偿金”。

【律师点评】

该案提醒创业者：根据《中华人民共和国劳动法》第三十九条规定，如果公司因生产特点需要延长或者改变工作时间，可以采用不定时工作制和综合计算工时工作制，但是平均日工作时间和平均周工作时间应与法定标准工作时间基本相同。

另外，劳动者在试用期被证明不符合录用条件的，用人单位可以依法解除劳动合同，这并不意味着用人单位可以任意解除试用期员工劳动合同。用人单位需要承担较重的举证责任，而且用人单位的解除行为即使再合法、再合理，也可能需要花费很多的精力参与应诉。

第六章

与合同有关的法律常识

有关合同的法律法规，其内容庞大复杂。本文仅就与企业日常经营活动关系最密切的合同签订、履行过程中的风险防范问题作简要介绍，以供参考。

一、合同的定义

《民法典》第四百六十四条明确规定，合同是民事主体之间设立、变更、终止民事法律关系的协议。

依法成立的合同，受法律保护。

二、合同的形式与内容

1.合同的形式

合同的形式是指当事人达成协议所采取的形式，是合同内容的外部表现形式，具体有三种，如图6-1所示。

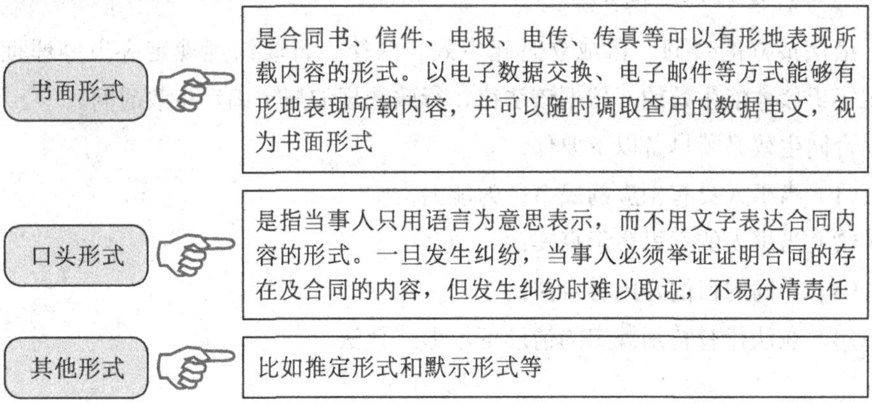

图6-1 合同的形式

2. 合同的内容

合同的内容由当事人约定，一般包括图6-2所示的条款。

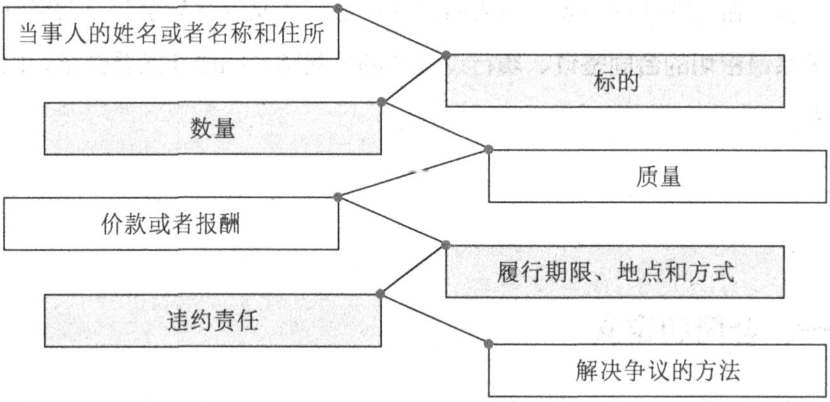

图6-2 合同的内容

小提示

当事人可以参照各类合同的示范文本订立合同。

三、合同的效力

1. 合同效力的一般规定

依法成立的合同，自成立时起生效。法律、行政法规规定应当办理批准、登记等手续才能生效的，依据该法律、行政法规的规定确定生效时间。

合同生效必须具备以下要件：

（1）当事人具有相应的民事行为能力；

（2）当事人的意思表示真实；

（3）合同的目的、内容合法；

（4）在法律有特别规定的情形下，形式合法。

2. 无效合同

合同无效是指已经订立但因欠缺生效条件而不发生法律效力的合同。有下列情形之一的，合同无效：

（1）当事人为无民事行为能力人；

（2）以虚假的意思实施的合同；

（3）违反法律、行政法规的强制性规定订立的合同；

（4）恶意串通，损害他人合法权益的合同。

3.可撤销合同

可撤销合同是指欠缺生效条件，一方当事人可依照自己的意愿请求人民法院或者仲裁机构变更合同的内容或者使合同的效力归于灭失的合同。

有下列情况之一的，可向人民法院或仲裁机构请求撤销：

（1）因重大误解订立的合同；

（2）订立显失公平的合同；

（3）一方以欺诈、胁迫的手段或乘人之危，使对方在违背真实意思的情况下订立的合同。

小提示

无效合同、被撤销的合同自始至终没有法律约束力。合同部分无效，不影响其他部分效力的，其他部分仍然有效。

4.效力待定合同

效力待定合同是指已成立的合同因欠缺有效条件，尚未确定能否发生当事人预期的法律效力，只有经过权利人的追认，才能发生当事人预期的法律效力的合同。

（1）限制民事行为能力人订立的合同，经法定代理人同意或者追认后，该合同有效。

（2）无权代理人以被代理人的名义订立合同，被代理人已经开始履行合同义务或者接受相对人履行的，视为对合同的追认。

（3）法人的法定代表人或者非法人组织的负责人超越权限订立的合同，除相对人知道或者应当知道其超越权限外，该代表行为有效，订立的合同对法人或者非法人组织发生效力。

5. 合同无效和被撤销的法律后果

（1）合同无效或被撤销后，因该合同取得的财产，应当予以返还；不能返还或者没有必要返还的，应当折价补偿。

（2）有过错的一方应当赔偿对方由此所受到的损失；各方都有过错的，应当各自承担相应的责任。

四、合同的履行

合同的履行是指合同生效后，双方当事人完成合同中规定的各项义务的行为。

1. 合同履行的原则

（1）当事人应当按照约定全面履行自己的义务。

（2）当事人应当遵循诚信原则，根据合同的性质、目的和交易习惯履行通知、协助、保密等义务。

（3）当事人在履行合同过程中，应当避免浪费资源、污染环境和破坏生态。

2. 条款不明确时合同的履行

对约定不明的合同条款，适用下列规定。

（1）质量要求不明确的，按照强制性国家标准履行；没有强制性国家标准的，按照推荐性国家标准履行；没有推荐性国家标准的，按照行业标准履行；没有国家标准、行业标准的，按照通常标准或者符合合同目的的特定标准履行。

（2）价款或者报酬不明确的，按照订立合同时履行地的市场价格履行；依法应当执行政府定价或者政府指导价的，依照规定履行。

（3）履行地点不明确，给付货币的，在接受货币一方所在地履行；交付不动产的，在不动产所在地履行；其他标的，在履行义务一方所在地履行。

（4）履行期限不明确的，债务人可以随时履行，债权人也可以随时请求履行，但是应当给对方必要的准备时间。

（5）履行方式不明确的，按照有利于实现合同目的的方式履行。

（6）履行费用的负担不明确的，由履行义务一方负担；因债权人原因增加的履行费用，由债权人负担。

3. 合同履行中的抗辩权

合同履行过程中，根据合同一方的履行情况，另一方可行使抗辩权。抗辩权有以下三种。

（1）同时履行抗辩权。《民法典》第五百二十五条规定，当事人双方互负债务，没有先后履行顺序的，应当同时履行。一方在对方履行之前有权拒绝其履行要求。一方在对方履行债务不符合约定时，有权拒绝其相应的履行要求。

（2）先履行抗辩权。《民法典》第五百二十六条规定，当事人互负债务，有先后履行顺序，应当先履行债务一方未履行的，后履行一方有权拒绝其履行请求。先履行一方履行债务不符合约定的，后履行一方有权拒绝其相应的履行请求。

（3）不安抗辩权。不安抗辩权又被称之为保证履行抗辩权，指双务合同成立后，根据合同约定应当先履行合同义务的当事人在有证据证明对方不能履行合同义务，或者有不能履行合同义务之虞时，在对方没有对待履行或者提供担保之前，暂时中止履行合同义务的权利。

不安抗辩权的适用条件如表6-1所示。

表 6-1 不安抗辩权的适用条件

序号	适用条件	具体说明
1	基础条件——双务合同中互负债务，且有履行顺序	不安抗辩权发生的基础是在双务合同中，双方互负债务，且有先后履行顺序，后履行一方存在有不能对待给付的现实危险，先履行一方享有不安抗辩权。但是，如果在单务合同中，不会发生先后履行的问题，也就不存在不安抗辩权的问题
2	实质条件——须先履行合同义务的一方有证据证明对方有不能对待给付的现实危险	合同有效成立后，后履行义务的一方存在经营状况严重恶化、转移财产、抽逃资金以逃避债务、丧失商业信誉、有丧失或者可能丧失履行债务能力的情形，且这些情形在双方订立合同时不能为双方所获知，致使其不能保证合同的履行，存在现实的危险，则先履行义务的当事人有权行使不安抗辩权。当然，如果系因一方隐瞒上述情况导致先履行一方当事人不知情，则可能构成《民法典》第一百四十八条所规定的可撤销民事法律行为，不构成适用不安抗辩权的情形

五、合同的变更和转让

1.合同的变更

当事人协商一致，可以变更合同。当事人对合同变更的内容约定不明确的，推定为未变更。

2.合同的转让

债权人可以将债权的全部或者部分转让给第三人，但是有下列情形之一的除外：

（1）根据债权性质不得转让；

（2）按照当事人约定不得转让；

（3）依照法律规定不得转让。

当事人约定非金钱债权不得转让的，不得对抗善意第三人。当事人约定金钱债权不得转让的，不得对抗第三人。

六、合同的终止和解除

1.合同的终止

合同的终止，又称合同权利义务的终止或者合同的消灭，是指合同关系在客观上不复存在，合同权利和合同义务归于消灭的法律现象。

根据《民法典》第五百五十七条规定，有下列情形之一的，债权债务终止：

（1）债务已经履行；

（2）债务相互抵销；

（3）债务人依法将标的物提存；

（4）债权人免除债务；

（5）债权债务同归于一人；

（6）法律规定或者当事人约定终止的其他情形。

合同解除的，该合同的权利义务关系终止。

小提示

债权债务终止后，当事人应当遵循诚信等原则，根据交易习惯履行通知、协助、保密、旧物回收等义务。

2. 合同的解除

《民法典》第五百六十二条规定，当事人协商一致，可以解除合同。当事人可以约定一方解除合同的事由。解除合同的事由发生时，解除权人可以解除合同。

有图6-3所示情形之一的，当事人可以解除合同。

情形一	因不可抗力致使不能实现合同目的
情形二	在履行期限届满前，当事人一方明确表示或者以自己的行为表明不履行主要债务
情形三	当事人一方迟延履行主要债务，经催告后在合理期限内仍未履行
情形四	当事人一方迟延履行债务或者有其他违约行为致使不能实现合同目的
情形五	法律规定的其他情形

图6-3　可以解除合同的情形

小提示

以持续履行的债务为内容的不定期合同，当事人可以随时解除合同，但是应当在合理期限之前通知对方。

律师说法

【案例背景】

202×年3月，申请人A公司与被申请人B公司签订了《采购订单》，被申请人B公司向申请人A公司购买浓缩脱水机系统，订单对合同总金额以及每套设备的单价、交货期限、交货地点等进行了约定，但没有进一步约定设备质量要求、安装调试验收合格的标准、质保期等。在该订单生效后，被申请人B公司支付了预付款。

第二年4月，由于被申请人B公司项目发生变更，原项目现场不再需要浓缩脱水机系统，故经双方协商一致，同意将本案的浓缩脱水机系统调剂至被申请人B公司的其他项目现场使用，由此双方签署了相关补充协议，补充协议对设备的交货地点、到货安装验收期限、付款期限等事项另行作出约定，并约定除补充协议另有约定外，订单的其他条款继续有效。

补充协议签订后，申请人A公司将设备送至新交货地点，被申请人B公司支付了部分货款（包括预付款），但仍有22%的验收款和10%的质保金，被申请人B公司认为设备存有质量问题故而未予以支付。根据双方签署的补充协议的约定，22%的验收款的支付期限为被申请人B公司在收到申请人A公司出具的发票，且安装调试验收合格或货到现场后30日后向申请人支付；10%的质保金的支付期限为设备调试合格后6个月内或货到现场后9个月内向申请人支付。因此，申请人A公司根据双方约定的仲裁条款提起仲裁，请求被申请人B公司支付拖欠的货款。

那么本案中的订单和补充协议是否合法有效？本案中验收款和质保金的支付条件是否已经满足？本案中申请人提供的设备是否存在质量问题？

【案例分析】

本案中的订单和补充协议均是A公司和B公司双方达成一致合意的书面约定，因此是合法有效的。

虽然对设备质量要求、安装调试验收合格的标准没有进一步明确约定，但是可以根据该原则进行判断：质量要求不明确的，按照强制性国家标准履行；没有强制性国家标准的，按照推荐性国家标准履行；没有推荐性国家标准的，按照行业标准履行；没有国家标准、行业标准的，按照通常标准或者符合合同目的的特定标准履行。因此，如果被申请人B公司认为设备存有质量问题，应证明其不符合相关质量标准。如果确有依据，则属于安装调试验收不合格，那么相应地，22%的验收款的支付条件不满足。

关于质保期，虽然合同和补充协议没有明确约定质保期，但根据《中华人民共和国民法典》第五百一十条，可以按照合同相关条款或者交易习惯确定。因此可以依据10%的质保金的支付条款明确质保期为设备调试合格后6个月内或货到现场后9个月内。在被申请人B公司能够证明货物存在问题的情况下，显然货物无法调试合格，质保金支付条款不能成就。

【律师点评】

在实践中，买卖类合同还是应该尽量对价格、期限、质量要求、安装调试验收合格的标准、质保期、违约责任、争议解决方式等进行全面而具体的约定，而且，对于货物的交付、验收、异议等关键环节应留下书面痕迹和证据，以防止出现争议以及处于不利的诉讼地位。

第七章

与知识产权有关的法律常识

在知识经济全球化的背景下，为保持市场领先地位或争夺新兴市场份额，企业已将知识产权作为竞争的重要手段。因此，作为企业管理者，要懂得与知识产权有关的法律常识，避免造成知识产权侵权或者被侵权。

一、知识产权的概念

知识产权，是“基于创造成果和工商标记依法产生的权利的统称”。最主要的三种知识产权是著作权、专利权和商标权。

二、著作权

1.著作权法的保护对象

《中华人民共和国著作权法》以下简称（《著作权法》）第二条第一款规定，中国公民、法人或者非法人组织的作品，不论是否发表，依照本法享有著作权。这里的作品，是指文学、艺术和科学领域内具有独创性并能以一定形式表现的智力成果，包括图7-1所示的内容。

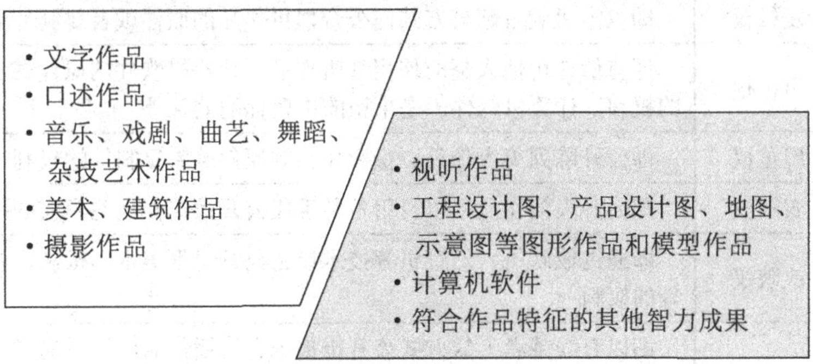

图7-1 作品所包含的内容

2. 著作权人及其权利

（1）著作权人的范围。根据《著作权法》第九条规定，著作权人包括图7-2所示的两类。

图7-2　著作权人的范围

（2）著作权人的权利。根据《著作权法》第十条规定，著作权包括表7-1所示的人身权和财产权。

表7-1　著作权人的权利

序号	权利	具体说明
1	发表权	即决定作品是否公之于众的权利
2	署名权	即表明作者身份，在作品上署名的权利
3	修改权	即修改或者授权他人修改作品的权利
4	保护作品完整权	即保护作品不受歪曲、篡改的权利
5	复制权	即以印刷、复印、拓印、录音、录像、翻录、数字化等方式将作品制作一份或者多份的权利
6	发行权	即以出售或者赠与方式向公众提供作品的原件或者复制件的权利
7	出租权	即有偿许可他人临时使用视听作品、计算机软件的原件或者复制件的权利，计算机软件不是出租的主要标的的除外
8	展览权	即公开陈列美术作品、摄影作品的原件或者复制件的权利
9	表演权	即公开表演作品，以及用各种手段公开播送作品的表演的权利
10	放映权	即通过放映机、幻灯机等技术设备公开再现美术、摄影、视听作品等的权利
11	广播权	即以有线或者无线方式公开传播或者转播作品，以及通过扩音器或者其他传送符号、声音、图像的类似工具向公众传播广播的作品的权利，但不包括信息网络传播权

续表

序号	权利	具体说明
12	信息网络传播权	即以有线或者无线方式向公众提供，使公众可以在其选定的时间和地点获得作品的权利
13	摄制权	即以摄制视听作品的方法将作品固定在载体上的权利
14	改编权	即改变作品，创作出具有独创性的新作品的权利
15	翻译权	即将作品从一种语言文字转换成另一种语言文字的权利
16	汇编权	即将作品或者作品的片段通过选择或者编排，汇集成新作品的权利
17	其他	应当由著作权人享有的其他权利

小提示

著作权人可以许可他人行使上表第（5）项至第（17）项规定的权利，并依照约定或者法律有关规定获得报酬。著作权人可以全部或者部分转让上表第（5）项至第（17）项规定的权利，并依照约定或者法律有关规定获得报酬。

3.著作权归属

《著作权法》第十一条规定，著作权属于作者，本法另有规定的除外。创作作品的公民是作者。由法人或者非法人组织主持，代表法人或者非法人组织意志创作，并由法人或者非法人组织承担责任的作品，法人或者非法人组织视为作者。

4.著作权的保护期限

（1）《著作权法》第二十二条规定："作者的署名权、修改权、保护作品完整权的保护期不受限制。"

（2）《著作权法》第二十三条规定："自然人的作品，其发表权、本法第十条第一款第五项至第十七项规定的权利的保护期为作者终生及其死亡后五十年，截止于作者死亡后第五十年的12月31日；如果是合作作品，截止于最后死亡的作者死亡后第五十年的12月31日。

法人或者非法人组织的作品、著作权（署名权除外）由法人或者非法人组织享有的职务作品，其发表权的保护期为五十年，截止于作品创作完成后第五十年的12月31日；本法第十条第一款第五项至第十七项规定的权利的保护期为五十年，截止于作品首次发表后第五十年的12月31日，但作品自创作完成后五十年内未发表的，本法不再保护。

视听作品，其发表权的保护期为五十年，截止于作品创作完成后第五十年的12月31日；本法第十条第一款第五项至第十七项规定的权利的保护期为五十年，截止于作品首次发表后第五十年的12月31日，但作品自创作完成后五十年内未发表的，本法不再保护。”

5.著作权的合理使用

根据《著作权法》第二十四条规定，在下列情况下使用作品，可以不经著作权人许可，不向其支付报酬，但应当指明作者姓名或者名称、作品名称，并且不得影响该作品的正常使用，也不得不合理地损害著作权人的合法权益：

（1）为个人学习、研究或者欣赏，使用他人已经发表的作品；

（2）为介绍、评论某一作品或者说明某一问题，在作品中适当引用他人已经发表的作品；

（3）为报道新闻，在报纸、期刊、广播电台、电视台等媒体中不可避免地再现或者引用已经发表的作品；

（4）报纸、期刊、广播电台、电视台等媒体刊登或者播放其他报纸、期刊、广播电台、电视台等媒体已经发表的关于政治、经济、宗教问题的时事性文章，但著作权人声明不许刊登、播放的除外；

（5）报纸、期刊、广播电台、电视台等媒体刊登或者播放在公众集会上发表的讲话，但作者声明不许刊登、播放的除外；

（6）为学校课堂教学或者科学研究，改编、汇编、播放或者少量复制已经发表的作品，供教学或者科研人员使用，但不得出版发行；

（7）国家机关为执行公务在合理范围内使用已经发表的作品；

（8）图书馆、档案馆、纪念馆、博物馆、文化馆等为陈列或者保存版本的需要，复制本馆收藏的作品；

（9）免费表演已经发表的作品，该表演未向公众收取费用，也未向表演者支付报酬且不以营利为目的；

（10）对设置或者陈列在公共场所的艺术作品进行临摹、绘画、摄影、录像；

（11）将中国公民、法人或者非法人组织已经发表的以国家通用语言文字创作的作品翻译成少数民族语言文字作品在国内出版发行；

（12）以阅读障碍者能够感知的无障碍方式向其提供已经发表的作品；

（13）法律、行政法规规定的其他情形。

6.侵权责任

《著作权法》对侵犯著作权的法律责任有表7-2所示的规定。

表7-2 侵犯著作权的法律责任

序号	违法行为	法律责任
1	有下列侵权行为的： （1）未经著作权人许可，发表其作品的； （2）未经合作作者许可，将与他人合作创作的作品当作自己单独创作的作品发表的； （3）没有参加创作，为谋取个人名利，在他人作品上署名的； （4）歪曲、篡改他人作品的； （5）剽窃他人作品的； （6）未经著作权人许可，以展览、摄制视听作品的方法使用作品，或者以改编、翻译、注释等方式使用作品的，本法另有规定的除外； （7）使用他人作品，应当支付报酬而未支付的； （8）未经视听作品、计算机软件、录音录像制品的著作权人、表演者或者录音录像制作者许可，出租其作品或者录音录像制品的原件或者复制件的，本法另有规定的除外； （9）未经出版者许可，使用其出版的图书、期刊的版式设计的； （10）未经表演者许可，从现场直播或者公开传送其现场表演，或者录制其表演的； （11）其他侵犯著作权以及与著作权有关的权利的行为	应当根据情况，承担停止侵害、消除影响、赔礼道歉、赔偿损失等民事责任
2	有下列侵权行为的： （1）未经著作权人许可，复制、发行、表演、放映、广播、汇编、通过信息网络向公众传播其作品的，本法另有规定的除外； （2）出版他人享有专有出版权的图书的； （3）未经表演者许可，复制、发行录有其表演的录音录像制品，或者通过信息网络向公众传播其表演的，本法另有规定的除外； （4）未经录音录像制作者许可，复制、发行、通过信息网络向公众传播其制作的录音录像制品的，本法另有规定的除外；	（1）应当根据情况，承担本法第五十二条规定的民事责任；

续表

序号	违法行为	法律责任
2	（5）未经许可，播放、复制或者通过信息网络向公众传播广播、电视的，本法另有规定的除外； （6）未经著作权人或者与著作权有关的权利人许可，故意避开或者破坏技术措施的，故意制造、进口或者向他人提供主要用于避开、破坏技术措施的装置或者部件的，或者故意为他人避开或者破坏技术措施提供技术服务的，法律、行政法规另有规定的除外； （7）未经著作权人或者与著作权有关的权利人许可，故意删除或者改变作品、版式设计、表演、录音录像制品或者广播、电视上的权利管理信息的，知道或者应当知道作品、版式设计、表演、录音录像制品或者广播、电视上的权利管理信息未经许可被删除或者改变，仍然向公众提供的，法律、行政法规另有规定的除外； （8）制作、出售假冒他人署名的作品的	（2）侵权行为同时损害公共利益的，由主管著作权的部门责令停止侵权行为，予以警告，没收违法所得，没收、无害化销毁处理侵权复制品以及主要用于制作侵权复制品的材料、工具、设备等，违法经营额五万元以上的，可以并处违法经营额一倍以上五倍以下的罚款； （3）没有违法经营额、违法经营额难以计算或者不足五万元的，可以并处二十五万元以下的罚款； （4）构成犯罪的，依法追究刑事责任
3	侵犯著作权或者与著作权有关的权利的	侵权人应当按照权利人因此受到的实际损失或者侵权人的违法所得给予赔偿
4	权利人的实际损失或者侵权人的违法所得难以计算的	可以参照该权利使用费给予赔偿
5	对故意侵犯著作权或者与著作权有关的权利，情节严重的	可以在按照上述方法确定数额的一倍以上五倍以下给予赔偿
6	权利人的实际损失、侵权人的违法所得、权利使用费难以计算的	由人民法院根据侵权行为的情节，判决给予五百元以上五百万元以下的赔偿
7	复制品的出版者、制作者不能证明其出版、制作有合法授权的，复制品的发行者或者视听作品、计算机软件、录音录像制品的复制品的出租者不能证明其发行、出租的复制品有合法来源的	应当承担法律责任

三、专利权

专利权，是指国家根据发明人或设计人的申请，以向社会公开发明创造的内容，以及发明创造对社会具有符合法律规定的利益为前提，根据法定程序在一定期限内授予发明人或设计人的一种排他性权利。

1. 专利权的类型

为了保护专利权人的合法权益，鼓励发明创造，推动发明创造的应用，提高创新能力，促进科学技术进步和经济社会发展，国家制定了《中华人民共和国专利法》（以下简称《专利法》）。

根据《专利法》第二条规定，发明创造是指发明、实用新型和外观设计。如图7-3所示。

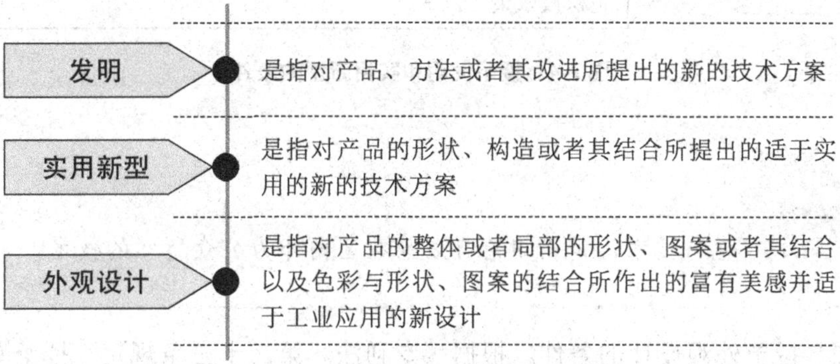

图7-3　专利权的类型

2. 专利权的主体与相关人

对于专利权的主体，《专利法》第六条有如下规定。

（1）执行本单位的任务或者主要是利用本单位的物质技术条件所完成的发明创造为职务发明创造。职务发明创造申请专利的权利属于该单位，申请被批准后，该单位为专利权人。该单位可以依法处置其职务发明创造申请专利的权利和专利权，促进相关发明创造的实施和运用。

（2）非职务发明创造，申请专利的权利属于发明人或者设计人；申请被批准后，该发明人或者设计人为专利权人。

（3）利用本单位的物质技术条件所完成的发明创造，单位与发明人或者设计人订有合同，对申请专利的权利和专利权的归属作出约定的，从其约定。

3. 授予专利权的条件

（1）授予发明和实用新型的条件。根据《专利法》第二十二条规定，授予专利权的发明和实用新型，应当具备新颖性、创造性和实用性。具体如图7-4所示。

新颖性	是指该发明或者实用新型不属于现有技术；也没有任何单位或者个人就同样的发明或者实用新型在申请日以前向国务院专利行政部门提出过申请，并记载在申请日以后公布的专利申请文件或者公告的专利文件中
创造性	是指与现有技术相比，该发明具有突出的实质性特点和显著的进步，该实用新型具有实质性特点和进步
实用性	是指该发明或者实用新型能够制造或者使用，并且能够产生积极效果

图7-4　授予发明和实用新型的条件

小提示

现有技术，是指申请日以前在国内外为公众所知的技术。

（2）授予外观设计的条件。根据《专利法》第二十三条规定，授予专利权的外观设计，应当不属于现有设计；也没有任何单位或者个人就同样的外观设计在申请日以前向国务院专利行政部门提出过申请，并记载在申请日以后公告的专利文件中。

授予专利权的外观设计与现有设计或者现有设计特征的组合相比，应当具有明显区别。

授予专利权的外观设计不得与他人在申请日以前已经取得的合法权利相冲突。

小提示

现有设计，是指申请日以前在国内外为公众所知的设计。

4. 专利权的申请

（1）申请发明或者实用新型专利。根据《专利法》第二十六条规定，申请发明或者实用新型专利的，应当提交请求书、说明书及其摘要和权利要求书等文件。具体要求如图7-5所示。

请求书	应当写明发明或者实用新型的名称，发明人的姓名，申请人姓名或者名称、地址，以及其他事项
说明书及其摘要	应当对发明或者实用新型作出清楚、完整的说明，以所属技术领域的技术人员能够实现为准；必要的时候，应当有附图。摘要应当简要说明发明或者实用新型的技术要点
权利要求书	应当以说明书为依据，清楚、简要地限定要求专利保护的范围

图7-5　申请发明或者实用新型专利的文件

小提示

依赖遗传资源完成的发明创造，申请人应当在专利申请文件中说明该遗传资源的直接来源和原始来源；申请人无法说明原始来源的，应当陈述理由。

（2）申请外观设计专利。根据《专利法》第二十七条规定，申请外观设计专利的，应当提交请求书、该外观设计的图片或者照片以及对该外观设计的简要说明等文件。

申请人提交的有关图片或者照片应当清楚地显示要求专利保护的产品的外观设计。

5. 专利权的期限

《专利法》第四十二条第一款规定：“发明专利权的期限为二十年，实用新型专利权的期限为十年，外观设计专利权的期限为十五年，均自申请日起计算。”

6. 法律责任

《专利法》对侵犯专利权的法律责任有表7-3所示的规定。

表 7-3　侵犯专利权的法律责任

序号	违法行为	法律责任
1	未经专利权人许可，实施其专利，即侵犯其专利权，引起纠纷的	（1）由当事人协商解决； （2）不愿协商或者协商不成的，专利权人或者利害关系人可以向人民法院起诉，也可以请求管理专利工作的部门处理
2	管理专利工作的部门处理时，认定侵权行为成立的	（1）可以责令侵权人立即停止侵权行为，当事人不服的，可以自收到处理通知之日起15日内依照《中华人民共和国行政诉讼法》向人民法院起诉； （2）侵权人期满不起诉又不停止侵权行为的，管理专利工作的部门可以申请人民法院强制执行
3	假冒专利的	（1）除依法承担民事责任外，由负责专利执法的部门责令改正并予公告，没收违法所得，可以处违法所得5倍以下的罚款； （2）没有违法所得或者违法所得在5万元以下的，可以处25万元以下的罚款；构成犯罪的，依法追究刑事责任
4	违反本法第十九条规定向外国申请专利，泄露国家秘密的	（1）由所在单位或者上级主管机关给予行政处分； （2）构成犯罪的，依法追究刑事责任

四、商标权

商标是用以识别和区分商品或者服务来源的标志。

1. 商标的要素

《中华人民共和国商标法》（以下简称《商标法》）第八条规定："任何能够将自然人、法人或者其他组织的商品与他人的商品区别开的标志，包括文字、图形、字母、数字、三维标志、颜色组合和声音等，以及上述要素的组合，均可以作为商标申请注册。"

但下列标志不得作为商标注册：

（1）仅有本商品的通用名称、图形、型号的；

（2）仅直接表示商品的质量、主要原料、功能、用途、重量、数量及其他特点的；

（3）其他缺乏显著特征的。

以上所列标志经过使用取得显著特征，并便于识别的，可以作为商标注册。

2.不得作为商标使用的标志

《商标法》第十条规定，下列标志不得作为商标使用：

（1）同中华人民共和国的国家名称、国旗、国徽、国歌、军旗、军徽、军歌、勋章等相同或者近似的，以及同中央国家机关的名称、标志、所在地特定地点的名称或者标志性建筑物的名称、图形相同的；

（2）同外国的国家名称、国旗、国徽、军旗等相同或者近似的，但经该国政府同意的除外；

（3）同政府间国际组织的名称、旗帜、徽记等相同或者近似的，但经该组织同意或者不易误导公众的除外；

（4）与表明实施控制、予以保证的官方标志、检验印记相同或者近似的，但经授权的除外；

（5）同“红十字”“红新月”的名称、标志相同或者近似的；

（6）带有民族歧视性的；

（7）带有欺骗性，容易使公众对商品的质量等特点或者产地产生误认的；

（8）有害于社会主义道德风尚或者有其他不良影响的。

县级以上行政区划的地名或者公众知晓的外国地名，不得作为商标。但是，地名具有其他含义或者作为集体商标、证明商标组成部分的除外；已经注册的使用地名的商标继续有效。

3.驰名商标的认定

根据《商标法》第十四条规定，驰名商标应当根据当事人的请求，作为处理涉及商标案件需要认定的事实进行认定。认定驰名商标应当考虑图7-6所示的因素。

相关公众对该商标的知晓程度

该商标使用的持续时间

该商标的任何宣传工作的持续时间、程度和地理范围

该商标作为驰名商标受保护的记录

该商标驰名的其他因素

图7-6 认定驰名商标应当考虑的因素

小提示

生产、经营者不得将“驰名商标”字样用于商品、商品包装或者容器上，或者用于广告宣传、展览以及其他商业活动中。

4.注册商标的有效期

《商标法》第三十九条规定：“注册商标的有效期为十年，自核准注册之日起计算。”

《商标法》第四十条第一款规定：“注册商标有效期满，需要继续使用的，商标注册人应当在期满前十二个月内按照规定办理续展手续；在此期间未能办理的，可以给予六个月的宽展期。每次续展注册的有效期为十年，自该商标上一届有效期满次日起计算。期满未办理续展手续的，注销其注册商标。”

5.注册商标的变更

《商标法》第四十一条规定：“注册商标需要变更注册人的名义、地址或者其他注册事项的，应当提出变更申请。”

6.注册商标的变更

根据《商标法》第四十二条规定，转让注册商标的，转让人和受让人应当签订转让协议，并共同向商标局提出申请。受让人应当保证使用该注册商标的商品质量。

转让注册商标的，商标注册人对其在同一种商品上注册的近似的商标，或者在类似商品上注册的相同或者近似的商标，应当一并转让。

7.商标使用的管理

商标的使用，是指将商标用于商品、商品包装或者容器以及商品交易文书上，或者将商标用于广告宣传、展览以及其他商业活动中，用于识别商品来源的行为。

《商标法》对商标的使用管理有表7-4所示的规定。

表 7-4 商标使用的管理

序号	使用行为	管理方式
1	商标注册人在使用注册商标的过程中，自行改变注册商标、注册人名义、地址或者其他注册事项	由地方工商行政管理部门责令限期改正；期满不改正的，由商标局撤销其注册商标
2	注册商标被撤销、被宣告无效或者期满不再续展的	自撤销、宣告无效或者注销之日起1年内，商标局对与该商标相同或者近似的商标注册申请，不予核准
3	没有申请商标注册，未经核准注册的，从而在市场销售	由地方工商行政管理部门责令限期申请注册，违法经营额5万元以上的，可以处违法经营额20%以下的罚款，没有违法经营额或者违法经营额不足5万元的，可以处1万元以下的罚款
4	将未注册商标冒充注册商标使用的，或者使用未注册商标违反本法第十条规定的	由地方工商行政管理部门予以制止，限期改正，并可以予以通报，违法经营额5万元以上的，可以处违法经营额20%以下的罚款，没有违法经营额或者违法经营额不足5万元的，可以处1万元以下的罚款
5	生产、经营者将“驰名商标”字样用于商品、商品包装或者容器上，或者用于广告宣传、展览以及其他商业活动中的	由地方工商行政管理部门责令改正，处10万元罚款
6	对商标局撤销或者不予撤销注册商标的决定，当事人不服的	可以自收到通知之日起15日内向商标评审委员会申请复审

8.注册商标专用权的保护

《商标法》第五十六条规定：“注册商标的专用权，以核准注册的商标和核定使用的商品为限。”

（1）属于侵权的行为。根据《商标法》第五十七条规定，有图7-7所示行为之一的，均属侵犯注册商标专用权。

行为一	未经商标注册人的许可，在同一种商品上使用与其注册商标相同的商标的
行为二	未经商标注册人的许可，在同一种商品上使用与其注册商标近似的商标，或者在类似商品上使用与其注册商标相同或者近似的商标，容易导致混淆的
行为三	销售侵犯注册商标专用权的商品的
行为四	伪造、擅自制造他人注册商标标识或者销售伪造、擅自制造的注册商标标识的
行为五	未经商标注册人同意，更换其注册商标并将该更换商标的商品又投入市场的
行为六	故意为侵犯他人商标专用权行为提供便利条件，帮助他人实施侵犯商标专用权行为的
行为七	给他人的注册商标专用权造成其他损害的

图7-7　侵犯注册商标专用权的行为

（2）对侵权的处罚。《商标法》对侵犯注册商标专用权的法律责任有表7-5所示的规定。

表7-5　侵犯注册商标专用权的法律责任

序号	侵权行为	法律责任
1	将他人注册商标、未注册的驰名商标作为企业名称中的字号使用，误导公众，构成不正当竞争行为的	依照《中华人民共和国反不正当竞争法》处理
2	有图7-7所示侵犯注册商标专用权行为之一，引起纠纷的	（1）由当事人协商解决； （2）不愿协商或者协商不成的，商标注册人或者利害关系人可以向人民法院起诉，也可以请求工商行政管理部门处理

续表

序号	侵权行为	法律责任
3	工商行政管理部门处理时，认定侵权行为成立的	责令立即停止侵权行为，没收、销毁侵权商品和主要用于制造侵权商品、伪造注册商标标识的工具，违法经营额5万元以上的，可以处违法经营额5倍以下的罚款，没有违法经营额或者违法经营额不足5万元的，可以处25万元以下的罚款
4	对五年内实施两次以上商标侵权行为或者有其他严重情节的	应当从重处罚
5	销售不知道是侵犯注册商标专用权的商品，能证明该商品是自己合法取得并说明提供者的	由工商行政管理部门责令停止销售
6	侵犯注册商标专用权的行为	（1）工商行政管理部门有权依法查处； （2）涉嫌犯罪的，应当及时移送司法机关依法处理

律师说法

【案例背景】

“Great Wall of China（中国长城）”拼装玩具等47个系列663款产品系乐高公司（LEGOA/S）创作的美术作品，乐高公司根据该作品制作、生产了系列拼装玩具并在市场销售。李××指使杜××等人购买新款乐高系列玩具，通过拆解研究、电脑建模、复制图纸、委托他人开制模具等方式，专门复制乐高公司前述拼装积木玩具产品，并冠以“乐拼”品牌通过线上、线下等方式销售。上海市公安局在被告人李××租赁的厂房内查获注塑模具88件、零配件68件、包装盒289411个、说明书175141件、销售出货单5万余张、复制乐高系列的“乐拼”玩具产品603875件。后经中国版权保护中心版权鉴定委员会鉴定，“乐拼”品牌玩具、图册与乐高公司的玩具、图册均基本相同，构成复制关系。上海市人民检察院第三分院对本案提起公诉。一、二审法院均认为，李××伙同闫××、张×、王××、吕××、王××、余××、李×等人以营利为目的，未经著作权人许可，复制发行乐高公司享有著作权的美术作品，非法经营数额达3.3亿余元，杜××作为经销商之一，未经著作权人许可，发行乐高公司享有著作权的美术作品，非法经营数额达621万余元，情节均属特别严重，均已构成侵犯著作权罪。

审理法院根据相关法律规定，依法判处主犯李××有期徒刑六年，罚金人民币9千万元，对八名从犯判处有期徒刑三年至四年六个月不等，并处相应罚金。

【案例分析】

本案属于典型的侵犯著作权案。该案充分反映了著作权刑法保护是我国著作权执法体系的重要组成部分，有力证明了我国刑法对情节特别严重的侵犯著作权犯罪的打击力度。

本案中“乐高”立体模型所承载的表达，均系乐高公司独立创作，具有独创性及独特的审美意义，故拼装完成的立体模型均属于我国著作权法所保护的美术作品范畴。李××等人的复制发行行为，以及杜××以营利为目的，在销售复制乐高玩具的乐拼玩具期间，作为经销商通过批发等方式销售乐拼玩具的发行行为，属于《最高人民法院、最高人民检察院关于办理侵犯知识产权刑事案件具体应用法律若干问题的解释（二）》第二条中规定的侵犯著作权罪中的“复制发行”。根据该条规定，“复制发行”包括复制、发行或者既复制又发行的行为，侵权产品的持有人通过广告、征订等方式推销侵权产品的，属于“发行”。因此，根据《刑法》第二百一十七条侵犯著作权罪的规定，以营利为目的，未经著作权人许可，复制发行、通过信息网络向公众传播其文字作品、音乐、美术、视听作品、计算机软件及法律、行政法规规定的其他作品的，违法所得数额较大或者有其他严重情节的，处三年以下有期徒刑，并处或者单处罚金；违法所得数额巨大或者有其他特别严重情节的，处三年以上十年以下有期徒刑，并处罚金。本案中李××等人以及杜××最终被判侵犯著作权罪。

【律师点评】

我国在国际贸易与多边法律体系中占据举足轻重的地位，向国际社会宣传我国著作权刑法保护的成就与给予外国著作权人有效法律保障的经验，是我国法律界乃至整个社会的责任。因此，在知识产权越来越被重视的今天，企业管理者也应更加重视知识产权的合规管理。

第八章

与招投标有关的法律常识

一个企业任何时候都有可能面临招标、投标的项目，而不管招标还是投标，都要遵循招标投标法的规定。作为企业的管理者，只有对招标投标法有充分的了解，才不会陷入违法的境况中。

一、招标与投标的概念

招标与投标是以订立招标采购合同为目的的经济活动，属于订立合同的预备阶段。

招标是指招标人对货物、工程和服务事先公布采购的条件和要求，邀请投标人参加投标的行为。

投标是指投标人按照招标人提出的要求和条件，参加投标竞争的行为。

二、招标的项目

1. 必须招标的项目

根据《中华人民共和国招标投标法》（以下简称《招标投标法》）第三条规定，在中华人民共和国境内进行下列工程建设项目包括项目的勘察、设计、施工、监理以及与工程建设有关的重要设备、材料等的采购，必须进行招标：

（1）大型基础设施、公用事业等关系社会公共利益、公众安全的项目；

（2）全部或者部分使用国有资金投资或者国家融资的项目；

（3）使用国际组织或者外国政府贷款、援助资金的项目。

2. 不适宜进行招标的项目

《招标投标法》第六十六条规定："涉及国家安全、国家秘密、抢险救灾或者属于利用扶贫资金实行以工代赈、需要使用农民工等特殊情况，不适宜进行招标的项目，按照国家有关规定可以不进行招标。"

根据《中华人民共和国招标投标法实施条例》（以下简称《招标投标法实施条例》）第九条规定，除《招标投标法》第六十六条规定的可以不进行招标的特殊情况外，有下列情形之一的，可以不进行招标：

（1）需要采用不可替代的专利或者专有技术；

（2）采购人依法能够自行建设、生产或者提供；

（3）已通过招标方式选定的特许经营项目投资人依法能够自行建设、生产或者提供；

（4）需要向原中标人采购工程、货物或者服务，否则将影响施工或者功能配套要求；

（5）国家规定的其他特殊情形。

招标人为适用前款规定弄虚作假的，属于《招标投标法》第四条规定的规避招标。

三、招标

1. 招标的类型

根据《招标投标法》第十条规定，招标分为公开招标和邀请招标。具体如图8-1所示。

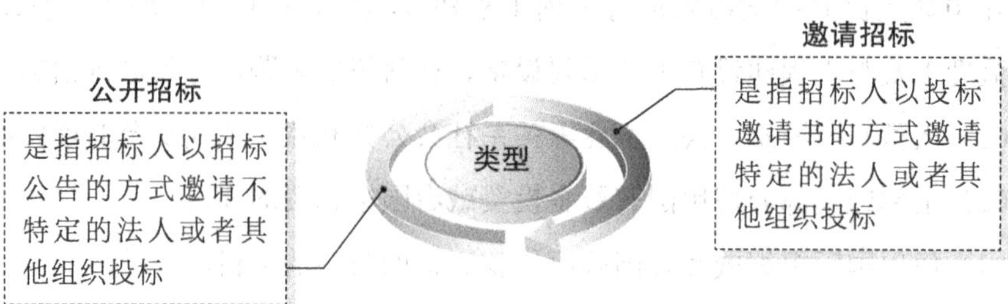

图8-1　招标的类型

两种招标方式的区别见表8-1。

表8-1　招标方式的区别

区别	公开招标	邀请招标
发布信息的方式	采用招标公告的方式	采用投标邀请书的形式
选择的范围	针对一切潜在的对该项目有兴趣的法人或组织	针对已经了解的法人或其他组织
竞争范围	竞争范围广、竞争性体现充分	投标人的数目有限、竞争性比公开招标小
公开程度	程序和标准都是公开的	公开程度较公开招标低
时间和费用	耗时长、费用也较高	可节省发布招标公告和资格预审的费用

2. 招标人与招标代理机构

（1）招标人。《招标投标法》第八条规定：“招标人是依照本法规定提出招标项目、进行招标的法人或者其他组织。”

招标人应当有进行招标项目的相应资金或者资金来源已经落实，并应当在招标文件中如实载明。

（2）招标代理机构。根据《招标投标法》第十三条规定，招标代理机构是依法设立、从事招标代理业务并提供相关服务的社会中介组织。且招标代理机构应当具备图8-2所示的条件。

图8-2　招标代理机构应该具备的条件

3. 招标文件的编制

《招标投标法》对招标文件的编制有如下规定。

（1）招标人应当根据招标项目的特点和需要编制招标文件。招标文件应当包括招标项目的技术要求、对投标人资格审查的标准、投标报价要求和评标标准等所有实质性要求和条件以及拟签订合同的主要条款。

（2）国家对招标项目的技术、标准有规定的，招标人应当按照其规定在招标文件中提出相应要求。

（3）招标项目需要划分标段、确定工期的，招标人应当合理划分标段、确定工期，并在招标文件中载明。

（4）招标文件不得要求或者标明特定的生产供应者以及含有倾向或者排斥潜在投标人的其他内容。

4.招标要求

在招标实施中，《招标投标法》有如下规定。

（1）招标人可以根据招标项目本身的要求，在招标公告或者投标邀请书中，要求潜在投标人提供有关资质证明文件和业绩情况，并对潜在投标人进行资格审查；国家对投标人的资格条件有规定的，依照其规定。

（2）招标人不得以不合理的条件限制或者排斥潜在投标人，不得对潜在投标人实行歧视待遇。

根据《招标投标法实施条例》第三十二条规定，招标人有图8-3所示行为之一的，属于以不合理条件限制、排斥潜在投标人或者投标人。

行为一	就同一招标项目向潜在投标人或者投标人提供有差别的项目信息
行为二	设定的资格、技术、商务条件与招标项目的具体特点和实际需要不相适应或者与合同履行无关
行为三	依法必须进行招标的项目以特定行政区域或者特定行业的业绩、奖项作为加分条件或者中标条件
行为四	对潜在投标人或者投标人采取不同的资格审查或者评标标准
行为五	限定或者指定特定的专利、商标、品牌、原产地或者供应商
行为六	依法必须进行招标的项目非法限定潜在投标人或者投标人的所有制形式或者组织形式
行为七	以其他不合理条件限制、排斥潜在投标人或者投标人

图8-3　以不合理条件限制、排斥潜在投标人或者投标人的行为

（3）招标人根据招标项目的具体情况，可以组织潜在投标人踏勘项目现场。

（4）招标人不得向他人透露已获取招标文件的潜在投标人的名称、数量以及可能影响公平竞争的有关招标投标的其他情况。招标人设有标底的，标底必须保密。

（5）招标人对已发出的招标文件进行必要的澄清或者修改的，应当在招标文件要求提交投标文件截止时间至少15日前，以书面形式通知所有招标文件收受人。该澄清或者修改的内容为招标文件的组成部分。

（6）招标人应当确定投标人编制投标文件所需要的合理时间；但是，依法必须进行招标的项目，自招标文件开始发出之日起至投标人提交投标文件截止之日止，最短不得少于20日。

四、投标

1.投标人与投标资格

《招标投标法》第二十五条第一款规定，投标人是响应招标、参加投标竞争的法人或者其他组织。

《招标投标法》第二十六条规定，投标人应当具备承担招标项目的能力；国家有关规定对投标人资格条件或者招标文件对投标人资格条件有规定的，投标人应当具备规定的资格条件。

2.投标文件的编制

《招标投标法》第二十七条规定，投标人应当按照招标文件的要求编制投标文件。投标文件应当对招标文件提出的实质性要求和条件作出响应。

招标项目属于建设施工的，投标文件的内容应当包括拟派出的项目负责人与主要技术人员的简历、业绩和拟用于完成招标项目的机械设备等。

3.投标的要求

《招标投标法》对投标要求有如下规定。

（1）两个以上法人或者其他组织可以组成一个联合体，以一个投标人的身份共同投标。

（2）投标人不得相互串通投标报价，不得排挤其他投标人的公平竞争，损害招标人或者其他投标人的合法权益。

根据《招标投标法实施条例》第三十九条规定，有图8-4所示情形之一的，属于投标人相互串通投标。

- 投标人之间协商投标报价等投标文件的实质性内容
- 投标人之间约定中标人
- 投标人之间约定部分投标人放弃投标或者中标
- 属于同一集团、协会、商会等组织成员的投标人按照该组织要求协同投标
- 投标人之间为谋取中标或者排斥特定投标人而采取的其他联合行动

图8-4　属于投标人相互串通投标的情形

根据《招标投标法实施条例》第四十条规定，有图8-5所示情形之一的，视为投标人相互串通投标。

- 不同投标人的投标文件由同一单位或者个人编制
- 不同投标人委托同一单位或者个人办理投标事宜
- 不同投标人的投标文件载明的项目管理成员为同一人
- 不同投标人的投标文件异常一致或者投标报价呈规律性差异
- 不同投标人的投标文件相互混装
- 不同投标人的投标保证金从同一单位或者个人的账户转出

图8-5　视为投标人相互串通投标的情形

（3）投标人不得与招标人串通投标，损害国家利益、社会公共利益或者他人的合法权益。

根据《招标投标法实施条例》第四十一条规定，有图8-6所示情形之一的，属于招标人与投标人串通投标。

- 招标人在开标前开启投标文件并将有关信息泄露给其他投标人
- 招标人直接或者间接向投标人泄露标底、评标委员会成员等信息
- 招标人明示或者暗示投标人压低或者抬高投标报价
- 招标人授意投标人撤换、修改投标文件
- 招标人明示或者暗示投标人为特定投标人中标提供方便
- 招标人与投标人为谋求特定投标人中标而采取的其他串通行为

图8-6 招标人与投标人相互串通投标的情形

（4）禁止投标人以向招标人或者评标委员会成员行贿的手段谋取中标。

（5）投标人不得以低于成本的报价竞标，也不得以他人名义投标或者以其他方式弄虚作假，骗取中标。

根据《招标投标法实施条例》第四十二条规定，使用通过受让或者租借等方式获取的资格、资质证书投标的，属于以他人名义投标。

投标人有图8-7所示情形之一的，属于以其他方式弄虚作假的行为。

- 使用伪造、变造的许可证件
- 提供虚假的财务状况或者业绩
- 提供虚假的项目负责人或者主要技术人员简历、劳动关系证明
- 提供虚假的信用状况
- 其他弄虚作假的行为

图8-7 以其他方式弄虚作假的行为

五、开标

开标，是指招标人将所有的投标文件公开启封揭晓。

1.开标的时间和地点

开标的时间，是指招标文件确定的提交投标文件截止的时间；开标的地点，是招标文件预先确定的地点。

2.出席开标

招标人应邀请所有投标人参加。

3.开标程序

根据《招标投标法》第三十六条规定，开标程序如下。

（1）开标时，由投标人或者其推选的代表检查投标文件的密封情况，也可以由招标人委托的公证机构检查并公证。

（2）经确认无误后，由工作人员当众拆封，宣读投标人名称、投标价格和投标文件的其他主要内容。

（3）招标人在招标文件要求提交投标文件的截止时间前收到的所有投标文件，开标时都应当当众予以拆封、宣读。

（4）开标过程应当记录，并存档备查。

六、评标

评标是指对符合要求的投标文件，按照规定的标准和方法进行评审，选出最佳投标、确定中标人的过程。

（1）评标委员会是指招标人为具体某一次招投标活动而临时组建的负责评标的机构。

（2）为了保证评标具有良好的工作环境，根据《招标投标法》第三十八条规定，招标人应当采取必要的措施，保证评标在严格保密的情况下进行。

（3）《招标投标法》第三十九条规定，评标委员会可以要求投标人对投标文件中含义不明确的内容作必要的澄清或者说明，但是澄清或者说明不得超出投标文件的范围或者改变投标文件的实质性内容。

（4）根据《招标投标法》第四十一条规定，中标人的投标应当符合图8-8所示的条件之一。

图8-8　中标人的投标应当符合的条件

（5）在招标投标过程中，如果评标委员会在对所有的投标文件进行评价、审查以后，认为所有的投标都不符合招标文件要求的，根据《招标投标法》第四十二条规定，评标委员会可以否决所有投标。

七、中标

1. 中标通知

根据《招标投标法》第四十五条规定，中标人确定后，招标人应当向中标人发出中标通知书，并同时将中标结果通知所有未中标的投标人。中标通知书对招标人和中标人具有法律效力。

根据《招标投标法》第四十六条规定，招标人和中标人应当自中标通知书发出之日起30日内，按照招标文件和中标人的投标文件订立书面合同。招标人和中标人不得再行订立背离合同实质性内容的其他协议。

2. 履约保证金

《招标投标法实施条例》第五十八条规定，招标文件要求中标人提交履约保证金的，中标人应当按照招标文件的要求提交。履约保证金不得超过中标合同金额的10%。

3. 中标人不得转让或变相转让中标项目

根据《招标投标法》第四十八条规定，中标人不得转让或变相转让中标项目，但可以分包。分包须满足图8-9所示的条件。

1 合同中有允许分包的约定或者分包已经招标人同意

2 分包给他人完成的是中标项目的部分非主体、非关键性工作

3 接受分包的人应该具备相应的资格条件，并不得再次分包

图8-9 分包须满足的条件

八、招标人违法应当承担的法律责任

根据《招标投标法》的相关规定，招标人违法应当承担的法律责任如表8-2所示。

表8-2 招标人违法应当承担的法律责任

序号	违法行为	法律责任
1	违反本法规定，必须进行招标的项目而不招标的，将必须进行招标的项目化整为零或者以其他任何方式规避招标的	（1）责令限期改正，可以处项目合同金额5‰以上10‰以下的罚款； （2）对全部或者部分使用国有资金的项目，可以暂停项目执行或者暂停资金拨付； （3）对单位直接负责的主管人员和其他直接责任人员依法给予处分
2	招标代理机构违反本法规定，泄露应当保密的与招标投标活动有关的情况和资料的，或者与招标人、投标人串通损害国家利益、社会公共利益或者他人合法权益的	（1）处5万元以上25万元以下的罚款，对单位直接负责的主管人员和其他直接责任人员处单位罚款数额5%以上10%以下的罚款； （2）有违法所得的，并处没收违法所得； （3）情节严重的，禁止其1年至2年内代理依法必须进行招标的项目并予以公告，直至由工商行政管理机关吊销营业执照； （4）构成犯罪的，依法追究刑事责任； （5）给他人造成损失的，依法承担赔偿责任； （6）影响中标结果的，中标无效

续表

序号	违法行为	法律责任
3	招标人以不合理的条件限制或者排斥潜在投标人的，对潜在投标人实行歧视待遇的，强制要求投标人组成联合体共同投标的，或者限制投标人之间竞争的	责令改正，可以处1万元以上5万元以下的罚款
4	依法必须进行招标的项目的招标人向他人透露已获取招标文件的潜在投标人的名称、数量或者可能影响公平竞争的有关招标投标的其他情况的，或者泄露标底的	（1）给予警告，可以并处1万元以上10万元以下的罚款； （2）对单位直接负责的主管人员和其他直接责任人员依法给予处分； （3）构成犯罪的，依法追究刑事责任； （4）影响中标结果的，中标无效

九、投标人违法应当承担的法律责任

根据《招标投标法》的相关规定，投标人违法应当承担的法律责任如表8-3所示。

表8-3 投标人违法应当承担的法律责任

序号	违法行为	法律责任
1	投标人相互串通投标或者与招标人串通投标的，投标人以向招标人或者评标委员会成员行贿的手段谋取中标的	（1）中标无效，处中标项目金额5‰以上10‰以下的罚款，对单位直接负责的主管人员和其他直接责任人员处单位罚款数额5%以上10%以下的罚款； （2）有违法所得的，并处没收违法所得； （3）情节严重的，取消其1年至2年内参加依法必须进行招标的项目的投标资格并予以公告，直至由工商行政管理机关吊销营业执照； （4）构成犯罪的，依法追究刑事责任； （5）给他人造成损失的，依法承担赔偿责任
2	投标人以他人名义投标或者以其他方式弄虚作假，骗取中标的	（1）中标无效，给招标人造成损失的，依法承担赔偿责任； （2）构成犯罪的，依法追究刑事责任
3	依法必须进行招标的项目的投标人以他人名义投标或者以其他方式弄虚作假，骗取中标，尚未构成犯罪的	（1）处中标项目金额5‰以上10‰以下的罚款，对单位直接负责的主管人员和其他直接责任人员处单位罚款数额5%以上10%以下的罚款；

续表

序号	违法行为	法律责任
3	依法必须进行招标的项目的投标人以他人名义投标或者以其他方式弄虚作假，骗取中标，尚未构成犯罪的	（2）有违法所得的，并处没收违法所得； （3）情节严重的，取消其1年至2年内参加依法必须进行招标的项目的投标资格并予以公告，直至由工商行政管理机关吊销营业执照
4	依法必须进行招标的项目，招标人违反本法规定，与投标人就投标价格、投标方案等实质性内容进行谈判的	（1）给予警告，对单位直接负责的主管人员和其他直接责任人员依法给予处分； （2）影响中标结果的，中标无效
5	中标人将中标项目转让给他人的，将中标项目肢解后分别转让给他人的，违反本法规定将中标项目的部分主体、关键性工作分包给他人的，或者分包人再次分包的	（1）转让、分包无效，处转让、分包项目金额5‰以上10‰以下的罚款； （2）有违法所得的，并处没收违法所得； （3）可以责令停业整顿； （4）情节严重的，由工商行政管理机关吊销营业执照
6	招标人与中标人不按照招标文件和中标人的投标文件订立合同的，或者招标人、中标人订立背离合同实质性内容的协议的	（1）责令改正； （2）可以处中标项目金额5‰以上10‰以下的罚款

十、中标人违法应当承担的法律责任

根据《招标投标法》的相关规定，中标人违法应当承担的法律责任如表8-4所示。

表8-4　中标人违法应当承担的法律责任

序号	违法行为	法律责任
1	中标人将中标项目转让给他人的，将中标项目肢解后分别转让给他人的，违反本法规定将中标项目的部分主体、关键性工作分包给他人的，或者分包人再次分包的	（1）转让、分包无效，处转让、分包项目金额5‰以上10‰以下的罚款； （2）有违法所得的，并处没收违法所得； （3）可以责令停业整顿； （4）情节严重的，由工商行政管理机关吊销营业执照
2	中标人不履行与招标人订立的合同的	（1）履约保证金不予退还，给招标人造成的损失超过履约保证金数额的，还应当对超过部分予以赔偿； （2）没有提交履约保证金的，应当对招标人的损失承担赔偿责任

续表

序号	违法行为	法律责任
3	中标人不按照与招标人订立的合同履行义务	情节严重的，取消其2年至5年内参加依法必须进行招标的项目的投标资格并予以公告，直至由工商行政管理机关吊销营业执照

律师说法

【案例背景】

某市级医院招标采购一批进口设备。由于该医院过去在未实行政府采购前与一家医疗设备公司有长期的业务往来，故此次招标仍希望这家医疗设备公司中标。于是双方达成默契，等开标时，该医院要求该公司尽量压低投标报价，以确保中标，在签订合同时再将货款提高。果然在开标时，该公司的报价为最低价，经评委审议推荐该公司为中标候选人。在签订合同前，该医院允许将原来的投标报价提高10%，作为追加售后服务内容与医疗设备公司签订了采购合同。结果提高后的合同价远远高于其他所有投标人的报价。

【案例分析】

本案招标人和投标人属于串通投标。根据《招标投标法实施条例》第四十一条第三项规定，招标人明示或者暗示投标人压低或者抬高投标报价，属于招标人与投标人串通投标。本案招标人医院要求该公司压低报价以确保中标的行为损害了国家利益、社会公共利益以及他人的合法权益。根据《招标投标法》第五十条规定，该公司中标无效，而且应对招标人处五万元以上二十五万元以下的罚款；对单位直接负责的主管人员和其他直接责任人员处单位罚款数额百分之五以上百分之十以下的罚款；有违法所得的，并处没收违法所得；情节严重的，禁止其一年至二年内代理依法必须进行招标的项目并予以公告，直至由工商行政管理机关吊销营业执照；构成犯罪的，依法追究刑事责任；给他人造成损失的，依法承担赔偿责任。这里的“构成犯罪”指的是《中华人民共和国刑法》第二百二十三条的串通投标罪，“投标人与招标人串通投标，损害国家、集体、公民的合法利益的，情节严重的，处三年以下有期徒刑或者拘役，并处或者单处罚金”。

另外，该公司和医院在中标后修改合同价格的行为违反了《招标投标法》第四十六条规定，根据该条规定，招标人和中标人应当自中标通知书发出之日起三十日内，按照招标文件和中标人的投标文件订立书面合同。招标人和中标人不得再行订立背离合同实质性内容的其他协议。对合同价款的修改绝对属于合同实质性内容的背离，根据《招标投标法》第五十九条的规定，有前述行为的，“责令改正，可以处中标项目金额千分之五以上千分之十以下的罚款”。

因此，本案中标结果无效，医院和公司都应承担相应的民事、行政责任，如果情节严重还应承担刑事责任。

【律师点评】

该案例提醒企业：无论在诉讼还是日常经营活动中应当对招投标的有关规定高度重视，做好细节把控，既避免因招投标瑕疵引发的行政责任及民事责任，也要把控好招投标的尺度，以免浪费企业人力与财力，实现经济效益与法治效益的统一。

第九章

与安全生产有关的法律常识

有关安全生产方面的法律法规有很多，其中《中华人民共和国安全生产法》最重要，也适合各行各业。在此我们主要摘录一部分管理人员必须了解的安全生产法规知识。对于企业，尤其是有党组织的公司企业单位，安全生产的责任主体究竟是谁，党组织是否也要承担安全生产管理责任等，这些是实践中非常重要的问题。

一、与安全生产相关的法律法规

我国有关安全生产的法律法规有许多，如：

(1)《中华人民共和国安全生产法》(以下简称《安全生产法》)。

(2)《中华人民共和国消防法》(以下简称《消防法》)。

(3)《中华人民共和国职业病防治法》(以下简称《职业病防治法》)。

(4)《工伤保险条例》。

(5)《安全生产许可证条例》。

(6)《仓库防火安全管理规则》。

(7)《建筑设计防火规范》。

(8)《生产安全事故报告和调查处理条例》。

(9)《安全生产事故隐患排查治理暂行规定》。

(10)《危险化学品安全管理条例》。

(11)《生产设备安全卫生设计总则》。

(12)《中华人民共和国特种设备安全法》。

(13)《建设工程安全生产管理条例》。

(14)《生产安全事故应急条例》。

(15)《生产安全事故应急预案管理办法》。

二、安全生产方针

《安全生产法》第三条第二款规定："安全生产工作应当以人为本，坚持人民至上、生命至上，把保护人民生命安全摆在首位，树牢安全发展理念，坚持安全第一、预防为主、综合治理的方针，从源头上防范化解重大安全风险。"

1.安全第一

"安全第一"要求一切生产工作以安全为第一要义，只有在保证安全的前提下才能追求效率等其他目标。如果不能保证安全，就不能从事任何生产活动。

2.预防为主

"预防为主"要求对一切可能出现的安全事故都要做好预防工作，不能等安全事故发生以后再去采取补救措施，要在事故出现之前采取措施，将一切事故隐患杀死在摇篮里。

3.综合治理

"综合治理"要求多管齐下，采取事前、事中和事后的各种措施，采取思想教育、物质激励等多种方式，在企业生产经营的不同岗位设置预防事故的措施，一旦某个环节出现了安全隐患，会同时有多个岗位、多个人员和多种应对措施来应对。

三、企业安全生产的责任

1.企业安全生产第一责任人——主要负责人

《安全生产法》第五条规定："生产经营单位的主要负责人是本单位安全生产第一责任人，对本单位的安全生产工作全面负责。其他负责人对职责范围内的安全生产工作负责。"此条明确规定了企业的主要负责人是安全生产第一负责人。

（1）哪些人是主要负责人。企业主要负责人主要包括以下三类人员。

① 企业的法定代表人，是指依法代表法人单位行使职权的负责人，如国有

工业企业的厂长（经理）、公司制的董事长或执行董事等。

② 按照法律、行政法规规定代表企业行使职权的负责人，即指依法代表非法人单位行使职权的负责人，如代表合伙企业执行合伙企业事务的合伙人、个人独资企业的投资人等。

③ 建立党组织的公司企业的党委负责人也应当属于公司企业的主要负责人之一。当然具体公司企业性质和职务安排，例如兼职党委成员或专职党委成员等，需要具体分析。但是对于安全生产运营管理，党组织也应当结合企业实践，倡议践行安全生产组织文化和行为文化。

（2）主要负责人的安全职责。根据《安全生产法》第二十一条规定，生产经营单位的主要负责人对本单位安全生产工作负有图9-1所示的职责。

职责一	建立健全并落实本单位全员安全生产责任制，加强安全生产标准化建设
职责二	组织制定并实施本单位安全生产规章制度和操作规程
职责三	组织制定并实施本单位安全生产教育和培训计划
职责四	保证本单位安全生产投入的有效实施
职责五	组织建立并落实安全风险分级管控和隐患排查治理双重预防工作机制，督促、检查本单位的安全生产工作，及时消除生产安全事故隐患
职责六	组织制定并实施本单位的生产安全事故应急救援预案
职责七	及时、如实报告生产安全事故

图9-1　生产经营单位主要负责人的职责

（3）主要负责人应具备的安全知识。根据《安全生产法》第二十七条规定，生产经营单位的主要负责人和安全生产管理人员必须具备与本单位所从事的生产经营活动相应的安全生产知识和管理能力。

危险物品的生产、经营、储存、装卸单位以及矿山、金属冶炼、建筑施工、运输单位的主要负责人和安全生产管理人员，应当由主管的负有安全生产监督管理职责的部门对其安全生产知识和管理能力考核合格。

2.企业安全生产责任人——全体人员

安全生产是全体人员共同的责任。对此，《安全生产法》第四条第一款规定：“生产经营单位必须遵守本法和其他有关安全生产的法律、法规，加强安全生产管理，建立健全全员安全生产责任制和安全生产规章制度，加大对安全生产资金、物资、技术、人员的投入保障力度，改善安全生产条件，加强安全生产标准化、信息化建设，构建安全风险分级管控和隐患排查治理双重预防机制，健全风险防范化解机制，提高安全生产水平，确保安全生产。”

四、安全生产教育和培训

1.进行培训的原因

从业人员虽然不直接从事安全生产管理工作，但要直接从事生产经营活动，而安全事故往往都是在生产经营活动中发生的，因此，从业人员必须具备基本的安全生产知识。对此，《安全生产法》第二十八条第一款规定：“生产经营单位应当对从业人员进行安全生产教育和培训，保证从业人员具备必要的安全生产知识，熟悉有关的安全生产规章制度和安全操作规程，掌握本岗位的安全操作技能，了解事故应急处理措施，知悉自身在安全生产方面的权利和义务。未经安全生产教育和培训合格的从业人员，不得上岗作业。”

2.被派遣劳动者要加以培训

劳务派遣只是用工形式的改变，被派遣劳动者与本单位从业人员在安全生产方面没有本质区别。因此，《安全生产法》第二十八条第二款规定：“生产经营单位使用被派遣劳动者的，应当将被派遣劳动者纳入本单位从业人员统一管理，对被派遣劳动者进行岗位安全操作规程和安全操作技能的教育和培训。劳务派遣单位应当对被派遣劳动者进行必要的安全生产教育和培训。”

3.实习生需接受培训

实习生虽然不是正式从业人员，但也会参与生产经营活动，如果不具备必需的安全生产知识，也可能产生安全事故，因此，《安全生产法》第二十八条第三款规定：“生产经营单位接收中等职业学校、高等学校学生实习的，应当对实习学生进行相应的安全生产教育和培训，提供必要的劳动防护用品。学校应当协助生产经营单位对实习学生进行安全生产教育和培训。”

4. 要有文字记录和书面凭证

生产经营单位依法履行上述义务必须有一定的文字记录和书面凭证，因此，《安全生产法》第二十八条第四款规定：“生产经营单位应当建立安全生产教育和培训档案，如实记录安全生产教育和培训的时间、内容、参加人员以及考核结果等情况。”

5. 技术、材料、工艺更新要培训

新工艺、新技术、新材料的采用或者新设备的使用，都会不同于原有的生产操作，为了避免生产事故的发生，生产经营单位也要做好这方面的培训。因此，《安全生产法》第二十九条规定：“生产经营单位采用新工艺、新技术、新材料或者使用新设备，必须了解、掌握其安全技术特性，采取有效的安全防护措施，并对从业人员进行专门的安全生产教育和培训。”

6. 安全教育和告知的义务

《安全生产法》第四十四条第一款规定：“生产经营单位应当教育和督促从业人员严格执行本单位的安全生产规章制度和安全操作规程；并向从业人员如实告知作业场所和工作岗位存在的危险因素、防范措施以及事故应急措施。”

生产经营单位的安全生产规章制度和安全操作规程是让从业人员遵守的，从业人员能否遵守安全生产规章制度和安全操作规程，生产经营单位的作用不容忽视。因此，生产经营单位应当教育和督促从业人员严格执行本单位的安全生产规章制度和安全操作规程。

为确保从业人员的人身安全，生产经营单位应当向从业人员如实告知作业场所和工作岗位存在的危险因素、防范措施以及事故应急措施。

五、特种作业人员资格制度

1. 特种作业的范围

特种作业是指容易发生人员伤亡事故，对操作者本人、他人及周围设施的安全可能造成重大危害的作业。直接从事特种作业的人员称为特种作业人员。

《特种作业人员安全技术培训考核管理规定》明确规定的特种作业包括11个作业类别，共51个工种，分别是：

（1）电工作业（包括3项）；

（2）焊接与热切割作业（包括3项）；

（3）高处作业（包括2项）；

（4）制冷与空调作业（包括2项）；

（5）煤矿安全作业（包括10项）；

（6）金属非金属矿山安全作业（包括8项）；

（7）石油天然气安全作业（包括1项）；

（8）冶金（有色）生产安全作业（包括1项）；

（9）危险化学品安全作业（包括16项）；

（10）烟花爆竹安全作业（包括5项）；

（11）安全监管总局认定的其他作业。

2.特种作业人员的上岗要求

《安全生产法》第三十条第一款规定："生产经营单位的特种作业人员必须按照国家有关规定经专门的安全作业培训，取得相应资格，方可上岗作业。"持证上岗，确保专业技术培训满足安全监管条件，是主要的特种作业人员从业原则。

3.特种作业人员应当符合的条件

根据《特种作业人员安全技术培训考核管理规定》第四条规定，特种作业人员应当符合下列条件：

（1）年满18周岁，且不超过国家法定退休年龄；

（2）经社区或者县级以上医疗机构体检健康合格，并无妨碍从事相应特种作业的器质性心脏病、癫痫病、美尼尔氏症、眩晕症、癔病、震颤麻痹症、精神病、痴呆症以及其他疾病和生理缺陷；

（3）具有初中及以上文化程度；

（4）具备必要的安全技术知识与技能；

（5）相应特种作业规定的其他条件。

危险化学品特种作业人员除符合前款第（1）项、第（2）项、第（4）项和第（5）项规定的条件外，应当具备高中或者相当于高中及以上文化程度。

除此之外，对于各个行业还有其他行业特点和监管要求的特种作业人员从业规定，需要结合具体岗位设定特种作业人员的工作标准与规范。

六、安全生产的保障

1.提供安全生产的条件

《安全生产法》第二十条规定："生产经营单位应当具备本法和有关法律、行政法规和国家标准或者行业标准规定的安全生产条件；不具备安全生产条件的，不得从事生产经营活动。"

2.设立安全警示标志

有些生产经营场所和有关设施、设备的危险因素比普通生产经营场所和有关设施、设备大，如果对其不设置特殊标志，相关从业人员容易将其作为普通生产经营场所和有关设施、设备对待，这样就容易发生安全生产事故。为此，《安全生产法》第三十五条规定："生产经营单位应当在有较大危险因素的生产经营场所和有关设施、设备上，设置明显的安全警示标志。"

设置明显的安全警示标志的前提是有较大危险因素，如果企业不加区分地在大多数生产经营场所和有关设施、设备上都设置明显的安全警示标志，这种警示标志就起不到提示和警告的作用了。因此，必须在真正具有较大危险因素的生产经营场所和有关设施、设备上才能设置这种标志。

安全警示标志的种类繁多，一般是图形配合文字，当然，也可以仅包含图形或者仅包含文字。对于需要警示外国人的，还应当有英文或者其他外文标志。

3.及时维护安全设备

安全设备对确保安全生产、预防安全事故的发生具有重要作用。因此，《安全生产法》第三十六条第一款规定："安全设备的设计、制造、安装、使用、检测、维修、改造和报废，应当符合国家标准或者行业标准。"

目前，我国对各类安全设备都制定了国家标准或者行业标准，而且会随着技术的发展和实践的需要对相关标准进行修改。比如，关于国家电气设备安全技术规范，我国曾于2004年制定了GB 19517—2004的国家标准，2009年又制定了GB 19517—2009的国家标准，取代了GB 19517—2004的国家标准。

同时，安全设备必须处于良好的使用状态中才能发挥确保安全生产、预防安全事故的作用，因此，生产经营单位必须对安全设备进行经常性的维护、保养，并定期检测，保证正常运转。维护、保养、检测应当做好记录，并且要有相关人员签字。这里的相关人员应当包括专业的维修人员以及使用单位负责该事项的人员。

4.提供安全劳动防护用品

某些从业人员所接触的物品或者所处的环境对人体健康是有害的，必须配备劳动防护用品才能防止对人体健康产生危害。对此，《安全生产法》第四十五条规定："生产经营单位必须为从业人员提供符合国家标准或者行业标准的劳动防护用品，并监督、教育从业人员按照使用规则佩戴、使用。"

劳动防护用品，是指保护劳动者在生产过程中的人身安全与健康所必备的一种防御性装备，对于减少职业危害起着相当重要的作用。劳动防护用品按照防护部位分为图9-2所示的九类。

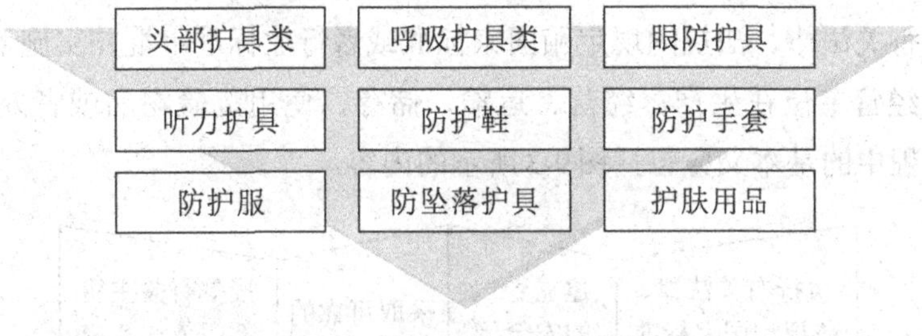

图9-2 劳动防护用品的分类

5.关注员工心理、行为习惯

员工的不安全行为及心理极易导致生产事故的发生，对此，《安全生产法》第四十四条第二款规定："生产经营单位应当关注从业人员的身体、心理状况和行为习惯，加强对从业人员的心理疏导、精神慰藉，严格落实岗位安全生产责任，防范从业人员行为异常导致事故发生。"

七、安全生产的管理

1. 对危险物品的容器、运输工具的检测、检验

危险物品是指易燃易爆物品、危险化学品、放射性物品等能够危及人身安全和财产安全的物品。这些物品的容器和运输工具非常重要，一旦容器破损或者运输工具出现问题，就可能导致这些危险物品暴露出来，一方面可能直接带来危险的化学反应，另一方面可能对人民群众的生命或财产安全带来威胁。

因此，《安全生产法》第三十七条规定："生产经营单位使用的危险物品的容器、运输工具，以及涉及人身安全、危险性较大的海洋石油开采特种设备和矿山井下特种设备，必须按照国家有关规定，由专业生产单位生产，并经具有专业资质的检测、检验机构检测、检验合格，取得安全使用证或者安全标志，方可投入使用。检测、检验机构对检测、检验结果负责。"

2. 危险物品的处理

危险物品对人民群众生命财产安全造成的危害比较大，对此类物品，我国实行由主管部门审批和监督管理的制度。根据《安全生产法》第三十九条规定，生产、经营、运输、储存、使用危险物品或者处置废弃危险物品的，由有关主管部门依照有关法律、法规的规定和国家标准或者行业标准审批并实施监督管理。

生产经营单位在生产、经营、运输、储存、使用危险物品或者处置废弃危险物品过程中的基本义务包括图9-3所示的内容。

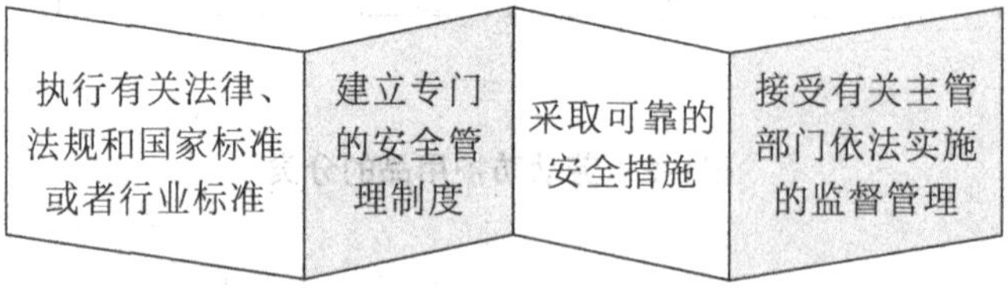

图9-3　生产经营单位处理危险物品的基本义务

3. 重大危险源的管理

《安全生产法》第四十条规定了对重大危险源的监督管理制度。生产经营单位对重大危险源应当做好图9-4所示的四项工作。

图9-4 对重大危险源的管理工作

生产经营单位应当按照国家有关规定将本单位重大危险源及有关安全措施、应急措施报有关地方人民政府安全生产监督管理部门和有关部门备案。在备案时应注意首先应当向地方人民政府安全生产监督管理部门备案；其次，如果企业有行业主管部门还应当向有关部门备案。

4.与员工宿舍的隔离

《安全生产法》第四十二条规定了危险物品隔离以及保持生产经营场所和员工宿舍出口畅通制度。

对于危险物品而言，即使做到了各项安全保护工作，也不能确保危险物品一定不会带来危害，因此，为防万一，危险物品与员工宿舍应隔离。生产、经营、储存、使用危险物品的车间、商店、仓库不得与员工宿舍在同一座建筑物内，并应当与员工宿舍保持安全距离。这里的安全距离是指即使危险物品发生爆炸等危险情形，也不至于威胁到员工宿舍的安全。

在发生安全事故时，最短时间内撤离危险区域是最大限度降低伤亡的重要保障，因此，生产经营场所和员工宿舍都应当有安全出口。本条第二款要求生产经营场所和员工宿舍应当设有符合紧急疏散要求、标志明显、保持畅通的出口、疏散通道。禁止占用、锁闭、封堵生产经营场所或者员工宿舍的出口、疏散通道。安全出口应当保持24小时畅通，即使为了安全考虑而在夜间加锁，也应当有专人负责保管钥匙，而且要保证在发生安全事故需要紧急撤离时，能够在第一时间打开安全出口。

5.特殊危险作业现场的管理

《安全生产法》第四十三条规定了对特殊危险作业的现场安全管理。对某些特殊危险作业，一旦违反操作规程或者相关安全措施就可能导致人身财产的危害，对这些特殊危险作业，必须实行特殊安全管理，即安排专门人员进行现场安全管理，确保操作规程的遵守和安全措施的落实。本条目前明确规定的危险作业指爆破、吊装、动火、临时用电以及国务院应急管理部门会同国务院有关部门规定的其他危险作业。

八、安全生产的落实

1.建立安全生产责任制

实践证明，凡是建立、健全了安全生产责任制的企业，各级领导重视安全生产、劳动保护工作，切实贯彻执行党的安全生产、劳动保护方针、政策和国家的安全生产、劳动保护法规，在认真负责地组织生产的同时，积极采取措施，改善劳动条件，生产事故就会减少。

对此，《安全生产法》第二十二条规定，生产经营单位的全员安全生产责任制应当明确各岗位的责任人员、责任范围和考核标准等内容。生产经营单位应当建立相应的机制，加强对全员安全生产责任制落实情况的监督考核，保证全员安全生产责任制的落实。

生产经营单位的安全生产管理机构以及安全生产管理人员应履行图9-5所示的职责。

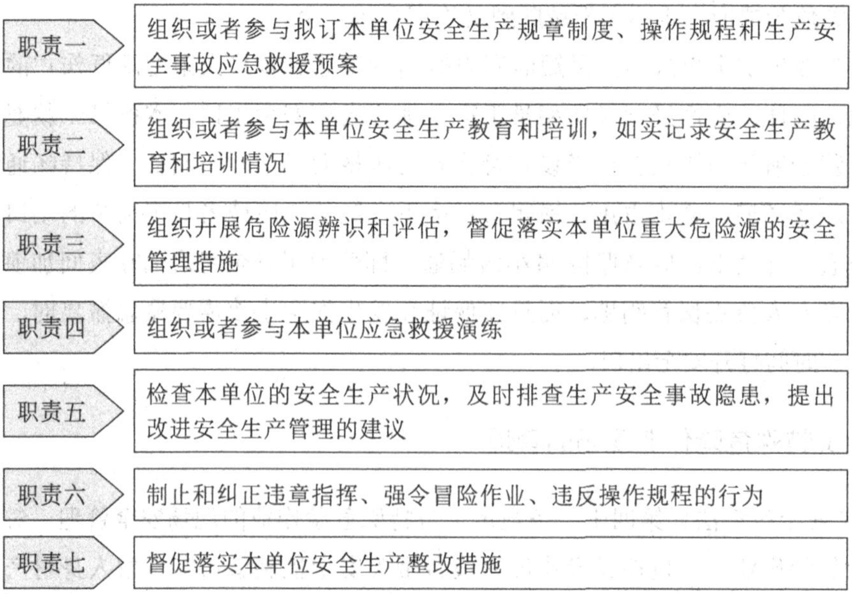

图9-5　安全生产管理机构以及安全生产管理人员应履行的职责

生产经营单位可以设置专职安全生产分管负责人，协助本单位主要负责人履行安全生产管理职责。

小提示

制度建立后必须认真贯彻执行，否则就形同虚设，因此，生产经营单位应当建立相应的机制，加强对安全生产责任制落实情况的监督考核，保证安全生产责任制落实到位。

2. 建立安全风险分级管控制度

《安全生产法》第四十一条第一款规定，生产经营单位应当建立安全风险分级管控制度，按照安全风险分级采取相应的管控措施。

3. 加强安全生产检查

《安全生产法》第四十六条规定，生产经营单位的安全生产管理人员应当根据本单位的生产经营特点，对安全生产状况进行经常性检查；对检查中发现的安全问题，应当立即处理；不能处理的，应当及时报告本单位有关负责人，有关负责人应当及时处理。检查及处理情况应当如实记录在案。

生产经营单位的安全生产管理人员在检查中发现重大事故隐患，依照规定向本单位有关负责人报告，有关负责人不及时处理的，安全生产管理人员可以向主管的负有安全生产监督管理职责的部门报告，接到报告的部门应当依法及时处理。

4. 排查生产事故隐患

安全生产事故隐患（以下简称事故隐患），是指生产经营单位违反安全生产法律、法规、规章、标准、规程和安全生产管理制度的规定，或者因其他因素在生产经营活动中存在可能导致事故发生的物的危险状态、人的不安全行为和管理上的缺陷。

事故隐患分为一般事故隐患和重大事故隐患，如图9-6所示。

根据《安全生产法》第四十一条第二款规定，生产经营单位应当建立健全并落实生产安全事故隐患排查治理制度，采取技术、管理措施，及时发现并消除事故隐患。

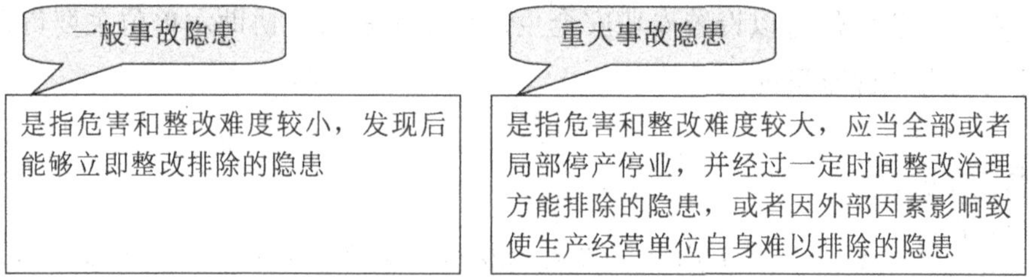

图9-6　事故隐患的分类

《安全生产事故隐患排查治理暂行规定》要求生产经营单位应当建立健全事故隐患排查治理制度。生产经营单位主要负责人对本单位事故隐患排查治理工作全面负责。生产经营单位应当每季、每年对本单位事故隐患排查治理情况进行统计分析，并分别于下一季度15日前和下一年1月31日前向安全监管监察部门和有关部门报送书面统计分析表。统计分析表应当由生产经营单位主要负责人签字。对于重大事故隐患，生产经营单位除依照上述规定报送外，应当及时向安全监管监察部门和有关部门报告。重大事故隐患报告内容应当包括：

（1）隐患的现状及其产生原因；

（2）隐患的危害程度和整改难易程度分析；

（3）隐患的治理方案。

九、安全生产事故责任追究

生产经营活动中发生安全事故，其直接原因是多种多样的，但造成这些直接原因的原因，即事故的间接原因，则大多是由违反安全生产的法律、法规、标准和有关技术规程、规范等人为因素造成的。例如：生产经营活动的作业场所不符合保证安全生产的规定；设施、设备、工具、器材不符合安全标准，存在缺陷；未按规定配备安全防护用品；未对职工进行安全教育培训，职工缺乏安全生产知识；劳动组织不合理；管理人员违章指挥；职工违章冒险作业等。鉴于生产安全事故对国家和人民群众的生命、财产安全造成的损失，对由人为原因造成的责任事故，必须依法追究责任者的法律责任，以示警诫和教育。

为此，《安全生产法》第十六条明确规定：“国家实行生产安全事故责任追究制度，依照本法和有关法律、法规的规定，追究生产安全事故责任单位和责任人员的法律责任。”

1.主要负责人的法律责任

《安全生产法》对生产经营单位主要负责人的法律责任有表9-1所示的规定。

表9-1 生产经营单位主要负责人的法律责任

序号	违法行为	法律责任
1	生产经营单位的决策机构、主要负责人或者个人经营的投资人不依照本法规定保证安全生产所必需的资金投入，致使生产经营单位不具备安全生产条件的	（1）责令限期改正，提供必需的资金； （2）逾期未改正的，责令生产经营单位停产停业整顿； （3）导致发生生产安全事故的，对生产经营单位的主要负责人给予撤职处分，对个人经营的投资人处2万元以上20万元以下的罚款； （4）构成犯罪的，依照刑法有关规定追究刑事责任
2	生产经营单位的主要负责人未履行本法规定的安全生产管理职责的	（1）责令限期改正，处2万元以上5万元以下的罚款； （2）逾期未改正的，处5万元以上10万元以下的罚款，责令生产经营单位停产停业整顿； （3）导致发生生产安全事故的，给予撤职处分； （4）构成犯罪的，依照刑法有关规定追究刑事责任
3	生产经营单位的主要负责人依照规定受刑事处罚或者撤职处分的	（1）自刑罚执行完毕或者受处分之日起，5年内不得担任任何生产经营单位的主要负责人； （2）对重大、特别重大生产安全事故负有责任的，终身不得担任本行业生产经营单位的主要负责人
4	生产经营单位的主要负责人未履行本法规定的安全生产管理职责，导致发生生产安全事故的	由应急管理部门依照下列规定处以罚款： （1）发生一般事故的，处上一年年收入40%的罚款； （2）发生较大事故的，处上一年年收入60%的罚款； （3）发生重大事故的，处上一年年收入80%的罚款； （4）发生特别重大事故的，处上一年年收入100%的罚款
5	生产经营单位的其他负责人和安全生产管理人员未履行本法规定的安全生产管理职责的	（1）责令限期改正，处1万元以上3万元以下的罚款； （2）导致发生生产安全事故的，暂停或者吊销其与安全生产有关的资格，并处上一年年收入20%以上50%以下的罚款； （3）构成犯罪的，依照刑法有关规定追究刑事责任
6	生产经营单位的主要负责人在本单位发生生产安全事故时，不立即组织抢救或者在事故调查处理期间擅离职守或者逃匿的，或者对生产安全事故隐瞒不报、谎报或者迟报的	（1）给予降级、撤职的处分，并由应急管理部门处上一年年收入60%至100%的罚款； （2）对逃匿的处15日以下拘留； （3）构成犯罪的，依照刑法有关规定追究刑事责任

2. 生产经营单位的法律责任

《安全生产法》对生产经营单位的法律责任有表9-2所示的规定。

表9-2 生产经营单位的法律责任

序号	违法行为	法律责任
1	生产经营单位有下列行为之一的： （1）未按照规定设置安全生产管理机构或者配备安全生产管埋人员、注册安全工程师的； （2）危险物品的生产、经营、储存、装卸单位以及矿山、金属冶炼、建筑施工、运输单位的主要负责人和安全生产管理人员未按照规定经考核合格的； （3）未按照规定对从业人员、被派遣劳动者、实习学生进行安全生产教育和培训，或者未按照规定如实告知有关的安全生产事项的； （4）未如实记录安全生产教育和培训情况的； （5）未将事故隐患排查治理情况如实记录或者未向从业人员通报的； （6）未按照规定制定生产安全事故应急救援预案或者未定期组织演练的； （7）特种作业人员未按照规定经专门的安全作业培训并取得相应资格，上岗作业的	（1）责令限期改正，处10万元以下的罚款； （2）逾期未改正的，责令停产停业整顿，并处10万元以上20万元以下的罚款，对其直接负责的主管人员和其他直接责任人员处2万元以上5万元以下的罚款
2	生产经营单位有下列行为之一的： （1）未按照规定对矿山、金属冶炼建设项目或者用于生产、储存、装卸危险物品的建设项目进行安全评价的； （2）矿山、金属冶炼建设项目或者用于生产、储存、装卸危险物品的建设项目没有安全设施设计或者安全设施设计未按照规定报经有关部门审查同意的； （3）矿山、金属冶炼建设项目或者用于生产、储存、装卸危险物品的建设项目的施工单位未按照批准的安全设施设计施工的； （4）矿山、金属冶炼建设项目或者用于生产、储存、装卸危险物品的建设项目竣工投入生产或者使用前，安全设施未经验收合格的	（1）责令停止建设或者停产停业整顿，限期改正，并处10万元以上50万元以下的罚款，对其直接负责的主管人员和其他直接责任人员处2万元以上5万元以下的罚款； （2）逾期未改正的，处50万元以上100万元以下的罚款，对其直接负责的主管人员和其他直接责任人员处5万元以上10万元以下的罚款； （3）构成犯罪的，依照刑法有关规定追究刑事责任
3	生产经营单位有下列行为之一的： （1）未在有较大危险因素的生产经营场所和有关设施、设备上设置明显的安全警示标志的；	（1）责令限期改正，处5万元以下的罚款；

续表

序号	违法行为	法律责任
3	（2）安全设备的安装、使用、检测、改造和报废不符合国家标准或者行业标准的； （3）未对安全设备进行经常性维护、保养和定期检测的； （4）关闭、破坏直接关系生产安全的监控、报警、防护、救生设备、设施，或者篡改、隐瞒、销毁其相关数据、信息的； （5）未为从业人员提供符合国家标准或者行业标准的劳动防护用品的； （6）危险物品的容器、运输工具，以及涉及人身安全、危险性较大的海洋石油开采特种设备和矿山井下特种设备未经具有专业资质的机构检测、检验合格，取得安全使用证或者安全标志，投入使用的； （7）使用应当淘汰的危及生产安全的工艺、设备的； （8）餐饮等行业的生产经营单位使用燃气未安装可燃气体报警装置的	（2）逾期未改正的，处5万元以上20万元以下的罚款，对其直接负责的主管人员和其他直接责任人员处1万元以上2万元以下的罚款； （3）情节严重的，责令停产停业整顿； （4）构成犯罪的，依照刑法有关规定追究刑事责任
4	未经依法批准，擅自生产、经营、运输、储存、使用危险物品或者处置废弃危险物品的	（1）依照有关危险物品安全管理的法律、行政法规的规定予以处罚； （2）构成犯罪的，依照刑法有关规定追究刑事责任
5	生产经营单位有下列行为之一的： （1）生产、经营、运输、储存、使用危险物品或者处置废弃危险物品，未建立专门安全管理制度、未采取可靠的安全措施的； （2）对重大危险源未登记建档，未进行定期检测、评估、监控，未制定应急预案，或者未告知应急措施的； （3）进行爆破、吊装、动火、临时用电以及国务院应急管理部门会同国务院有关部门规定的其他危险作业，未安排专门人员进行现场安全管理的； （4）未建立安全风险分级管控制度或者未按照安全风险分级采取相应管控措施的； （5）未建立事故隐患排查治理制度，或者重大事故隐患排查治理情况未按照规定报告的	（1）责令限期改正，处10万元以下的罚款； （2）逾期未改正的，责令停产停业整顿，并处10万元以上20万元以下的罚款，对其直接负责的主管人员和其他直接责任人员处2万元以上5万元以下的罚款； （3）构成犯罪的，依照刑法有关规定追究刑事责任
6	生产经营单位未采取措施消除事故隐患的	（1）责令立即消除或者限期消除，处5万元以下的罚款；

续表

序号	违法行为	法律责任
6	生产经营单位未采取措施消除事故隐患的	（2）生产经营单位拒不执行的，责令停产停业整顿，对其直接负责的主管人员和其他直接责任人员处5万元以上10万元以下的罚款； （3）构成犯罪的，依照刑法有关规定追究刑事责任
7	生产经营单位将生产经营项目、场所、设备发包或者出租给不具备安全生产条件或者相应资质的单位或者个人的	（1）责令限期改正，没收违法所得； （2）违法所得10万元以上的，并处违法所得2倍以上5倍以下的罚款； （3）没有违法所得或者违法所得不足10万元的，单处或者并处10万元以上20万元以下的罚款； （4）对其直接负责的主管人员和其他直接责任人员处1万元以上2万元以下的罚款； （5）导致发生生产安全事故给他人造成损害的，与承包方、承租方承担连带赔偿责任
8	生产经营单位未与承包单位、承租单位签订专门的安全生产管理协议或者未在承包合同、租赁合同中明确各自的安全生产管理职责，或者未对承包单位、承租单位的安全生产统一协调、管理的	（1）责令限期改正，处5万元以下的罚款，对其直接负责的主管人员和其他直接责任人员处1万元以下的罚款； （2）逾期未改正的，责令停产停业整顿
9	矿山、金属冶炼建设项目和用于生产、储存、装卸危险物品的建设项目的施工单位未按照规定对施工项目进行安全管理的	（1）责令限期改正，处10万元以下的罚款，对其直接负责的主管人员和其他直接责任人员处2万元以下的罚款； （2）逾期未改正的，责令停产停业整顿
10	两个以上生产经营单位在同一作业区域内进行可能危及对方安全生产的生产经营活动，未签订安全生产管理协议或者未指定专职安全生产管理人员进行安全检查与协调的	（1）责令限期改正，处5万元以下的罚款，对其直接负责的主管人员和其他直接责任人员处1万元以下的罚款； （2）逾期未改正的，责令停产停业

续表

序号	违法行为	法律责任
11	生产经营单位有下列行为之一的： （1）生产、经营、储存、使用危险物品的车间、商店、仓库与员工宿舍在同一座建筑内，或者与员工宿舍的距离不符合安全要求的； （2）生产经营场所和员工宿舍未设有符合紧急疏散需要、标志明显、保持畅通的出口、疏散通道，或者占用、锁闭、封堵生产经营场所或者员工宿舍出口、疏散通道的	（1）责令限期改正，处5万元以下的罚款，对其直接负责的主管人员和其他直接责任人员处1万元以下的罚款； （2）逾期未改正的，责令停产停业整顿； （3）构成犯罪的，依照刑法有关规定追究刑事责任
12	生产经营单位与从业人员订立协议，免除或者减轻其对从业人员因生产安全事故伤亡依法应承担的责任的	（1）该协议无效； （2）对生产经营单位的主要负责人、个人经营的投资人处2万元以上10万元以下的罚款
13	生产经营单位的从业人员不落实岗位安全责任，不服从管理，违反安全生产规章制度或者操作规程的	（1）由生产经营单位给予批评教育，依照有关规章制度给予处分； （2）构成犯罪的，依照刑法有关规定追究刑事责任
14	违反本法规定，生产经营单位拒绝、阻碍负有安全生产监督管理职责的部门依法实施监督检查的	（1）责令改正； （2）拒不改正的，处2万元以上20万元以下的罚款； （3）对其直接负责的主管人员和其他直接责任人员处1万元以上2万元以下的罚款； （4）构成犯罪的，依照刑法有关规定追究刑事责任
15	高危行业、领域的生产经营单位未按照国家规定投保安全生产责任保险的	（1）责令限期改正，处5万元以上10万元以下的罚款； （2）逾期未改正的，处10万元以上20万元以下的罚款
16	生产经营单位违反本法规定，被责令改正且受到罚款处罚，拒不改正的	负有安全生产监督管理职责的部门可以自作出责令改正之日的次日起，按照原处罚数额按日连续处罚
17	生产经营单位存在下列情形之一的： （1）存在重大事故隐患，一百八十日内三次或者一年内四次受到本法规定的行政处罚的； （2）经停产停业整顿，仍不具备法律、行政法规和国家标准或者行业标准规定的安全生产条件的；	（1）负有安全生产监督管理职责的部门应当提请地方人民政府予以关闭，有关部门应当依法吊销其有关证照；

续表

序号	违法行为	法律责任
17	（3）不具备法律、行政法规和国家标准或者行业标准规定的安全生产条件，导致发生重大、特别重大生产安全事故的； （4）拒不执行负有安全生产监督管理职责的部门作出的停产停业整顿决定的	（2）生产经营单位主要负责人五年内不得担任任何生产经营单位的主要负责人； （3）情节严重的，终身不得担任本行业生产经营单位的主要负责人

律师说法

【案例背景】

某厂检修人员为更换输煤皮带打开吊砣间的起吊孔（标高25米），仅用一条尼龙绳作为简易围栏。1月17日上午，工作负责人于某带领岳某等人到达吊砣间，进行疏通落煤筒工作，虽发现起吊孔未设围栏，未采取防护措施，便开始作业。一工作人员用大锤砸落煤筒，岳某为躲避大锤后退时，从起吊孔坠落至地面（落差25米），抢救无效死亡。

请分析此案例中暴露的问题。

【案例分析】

暴露的问题：

1.检修人员打开起吊孔，未设安全可靠的刚性临时围栏；

2.虽用尼龙绳设简易围栏，但过于松动，垂落在地，起不到任何防护作用；

3.工作负责人带领作业人员到达现场，虽发现临时围栏起不到任何防护作用，未要求检修人员设置可靠的刚性临时围栏；

4.工作负责人在临时围栏起不到任何防护作用的情况下，也未采取其他防护措施，盲目组织开工。

本案的安全事故责任非常清晰。安全操作人员明显违反安全管理规定，在设置安全警戒设施，确保安全管控时，不严格遵守安全操作规程，安全警戒设施不规范，不能实现警戒防护作用，疏于防范，造成人员伤亡事件。对于违反安全生产管理法律法规，除了承担行政处罚和民事赔偿责任之外，构成犯罪的，应当依法承担刑事犯罪责任。依据我国《刑法》第一百三十四条有关规定，在生产、作业中违反有关安全管理的规定，因而发生重大伤亡事故或者造成其他严重后果的，处三年以下有期徒刑或者拘役；情节特别恶劣的，处三年以上七年以下有期徒刑。强令他人违章冒险作业，或者明知存在重大事故隐患而不排除，仍冒险组织作业，因而发生重大伤亡事故或者造成其他严重后果的，处五年以下有期徒刑或者拘役；情节特别恶劣的，处五年以上有期徒刑。第一百三十四条之一，在生产、作业中违反有关安全管理的规定，有下列情形之一，具有发生重大伤亡事故或者其他严重后果的现实危险的，处一年以下有期徒刑、拘役或者管制：（一）关闭、破坏直接关系生产安全的监控、报警、防护、救生设备、设施，或者篡改、隐瞒、销毁其相关数据、信息的；（二）因存在重大事故隐患被依法责令停产停业、停止施工、停止使用有关设备、设施、场所或者立即采取排除危险的整改措施，而拒不执行的；（三）涉及安全生产的事项未经依法批准或者许可，擅自从事矿山开采、金属冶炼、建筑施工，以及危险物品生产、经营、储存等高度危险的生产作业活动的。第一百三十五条“重大劳动安全事故罪；大型群众性活动重大安全事故罪”，安全生产设施或者安全生产条件不符合国家规定，因而发生重大伤亡事故或者造成其他严重后果的，对直接负责的主管人员和其他直接责任人员，处三年以下有期徒刑或者拘役；情节特别恶劣的，处三年以上七年以下有期徒刑。

【律师点评】

该案例提醒创业者、企业家们：企业应该通过各类防范措施，有效降低生产安全事故发生的可能性，但要做到完全避免恐怕无法实现。较之于某些事故发生因素的不可控性，生产安全事故发生后的处置措施，往往在企业可控的范围之内。冷静、有序、高效的处置措施，能够帮助企业在可能涉及的法律程序中争取最佳结果，同时降低对企业正常生产经营的影响。

第十章

与产品质量有关的法律常识

产品质量的好坏，关系到企业的生死存亡，企业要发展就要把质量放在首位。作为企业管理者，必须了解与产品质量有关的法律常识。产品质量问题，在国家行政执法处罚、民商事合同违约、民商事行为侵权以及刑事犯罪处罚层面均有所体现。

一、产品质量的概念

1.产品

从商业角度来看，产品是指能够提供给市场，被人们使用和消费，并能满足人们某种需求的任何东西，包括有形的物品、无形的服务、组织、观念或它们的组合。

从法律角度来看，产品是指通过加工、制作、用于销售的产品。其判断标准如下：

（1）必须是经过加工、制作的产品，因此不包含初级农产品；

（2）必须是用于销售，即投入流通领域。

2.产品质量

产品质量是指产品符合人们需要的内在素质与外观形态的各种特性的综合状态，具体如图10-1所示。

《中华人民共和国产品质量法》（以下简称《产品质量法》）第十三条第一款规定，可能危及人体健康和人身、财产安全的工业产品，必须符合保障人体健康和人身、财产安全的国家标准、行业标准；未制定国家标准、行业标准的，必须符合保障人体健康和人身、财产安全的要求。

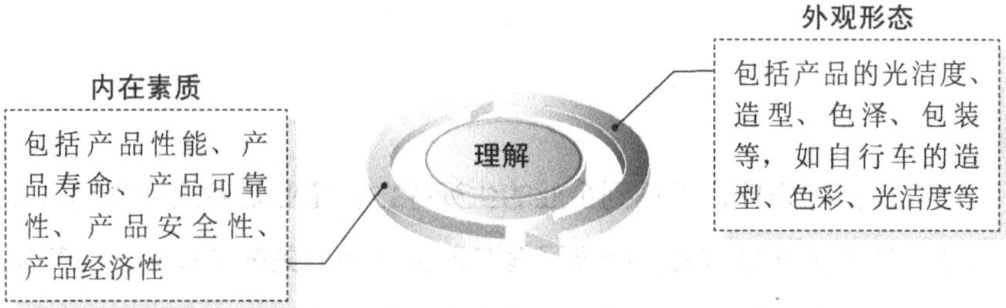

图 10-1　产品质量的理解

二、生产者的产品质量责任和义务

1. 生产者保证产品内在质量的义务

“生产者应当对其生产的产品质量负责”是法律对生产者履行产品质量义务和承担产品质量责任的规定。保证产品质量是生产者的首要义务。

《产品质量法》第二十六条对生产者保证产品质量规定了三项要求，如图 10-2 所示。

1. 不存在危及人身、财产安全的不合理的危险，有保障人体健康和人身、财产安全的国家标准、行业标准的，应当符合该标准
2. 具备产品应当具备的使用性能，但是，对产品存在使用性能的瑕疵作出说明的除外
3. 符合在产品或者其包装上注明采用的产品标准，符合以产品说明、实物样品等方式表明的质量状况

图 10-2　产品质量应达到的要求

2. 生产者对产品标识的义务

产品标识是指用于识别产品或其特征、特性所做的各种表示的统称。产品标识可以用文字、符号、标志、标记、数字、图案等表示。

根据《产品质量法》第二十七条规定，产品或者其包装上的标识必须真实，并符合图 10-3 所示的要求。

要求一	有产品质量检验合格证明
要求二	有中文标明的产品名称、生产厂厂名和厂址
要求三	根据产品的特点和使用要求，需要标明产品规格、等级、所含主要成分的名称和含量的，用中文相应予以标明；需要事先让消费者知晓的，应当在外包装上标明，或者预先向消费者提供有关资料
要求四	限期使用的产品，应当在显著位置清晰地标明生产日期和安全使用期或者失效日期
要求五	使用不当，容易造成产品本身损坏或者可能危及人身、财产安全的产品，应当有警示标志或者中文警示说明

图10-3 产品或者其包装上的标识要求

小提示

裸装的食品和其他根据产品的特点难以附加标识的裸装产品，可以不附加产品标识。

3.生产者对特殊产品的包装义务

危险物品、储运中不能倒置和其他有特殊要求的产品属于特殊产品。包括易碎品，如玻璃及玻璃制品、陶瓷等；易燃、易爆品，如酒精、汽油、炸药、雷管、鞭炮等；剧毒品，如农药等；储运中不能倒置的产品，如电冰箱、装有液体的包装容器等；有其他特殊要求的产品，如古董、古玩、艺术品、工艺品等产品。

对此，《产品质量法》第二十八条规定：“易碎、易燃、易爆、有毒、有腐蚀性、有放射性等危险物品以及储运中不能倒置和其他有特殊要求的产品，其包装质量必须符合相应要求，依照国家有关规定作出警示标志或者中文警示说明，标明储运注意事项。”

比如：

（1）毒品、限剧药物必须在产品包装的显著部位，用黑色标注“毒”或者用红色标注“限剧”字样，并附有剧毒品的相应警示标志。

（2）对于危险品，应当在显著部位用红色标注“爆炸品”或者“易爆品”

等字样，并附有相应警示标志。对于有毒或者腐蚀性物品，必须用黑色加注“切勿入口”等字样。

（3）对于装卸、搬运操作或者存放保管条件有相应要求或者应提出注意事项的产品，应当醒目标明“向上”“防潮”“防雨”“小心轻放”“防晒”“冷藏”“怕压”等字样。

（4）对于农药等含有害、有毒物质的产品，包装容器必须密闭，不得有外溢、渗漏、脱盖、破损等问题，防止污染或者损害人体健康与安全。

（5）食品包装必须使用无毒、清洁、卫生的物料。直接接触食品的纸张、塑料、橡胶等制品和涂料，必须符合国家卫生标准。

（6）对于放射性物质、电磁波辐射等，其包装容器必须符合国家有关环境保护的规定，在储存、运输过程中严加防护和管理。

4.生产者的禁止性行为

《产品质量法》对生产者的禁止性行为有明确的规定，如图10-4所示。

1. 不得生产国家明令淘汰的产品
2. 不得伪造产地，不得伪造或者冒用他人的厂名、厂址
3. 不得伪造或者冒用认证标志等质量标志
4. 不得掺杂、掺假，不得以假充真、以次充好，不得以不合格产品冒充合格产品

图10-4　生产者的禁止性行为

（1）不得生产国家明令淘汰的产品。“国家明令淘汰的产品”是指国家行政机关按照一定的程序，采用行政的措施，对涉及耗能高、技术落后、污染环境、危及人体健康等方面的因素，宣布不得继续生产、销售、使用的产品。

（2）不得伪造产地，不得伪造或者冒用他人的厂名、厂址。伪造产地是指在甲地生产，而标注乙地地名的欺骗行为。伪造或者冒用他人的厂名、厂址是指非法制作标注他人厂名、厂址的标识，或者擅自使用他人厂名、厂址的名称的侵权行为。

（3）不得伪造或者冒用认证标志等质量标志。伪造或者冒用认证标志是指非法制作产品质量认证标志、优质产品标志、获国际荣誉奖标志、生产许可证标志等质量标志的行为；或者未获准认证，未取得优质产品、国际奖等荣誉，未取得生产许可证等，而擅自使用相应质量标志的行为。这是一种商业欺骗行为，甚至可能构成犯罪。

（4）不得掺杂、掺假，不得以假充真、以次充好，不得以不合格产品冒充合格产品。掺杂、掺假是指行为人在产品中掺入杂质或者造假，致使产品有关物质的成分或者含量不符合国家有关法律、法规、标准规定要求的欺骗行为。以假充真是指以甲产品冒充与其特性不同的乙产品的欺骗行为。以次充好是指以低等级、低档次的产品冒充高等级、高档次产品的欺骗行为。

三、销售者的产品质量责任和义务

《产品质量法》对销售者的产品质量责任和义务有图10-5所示的规定。

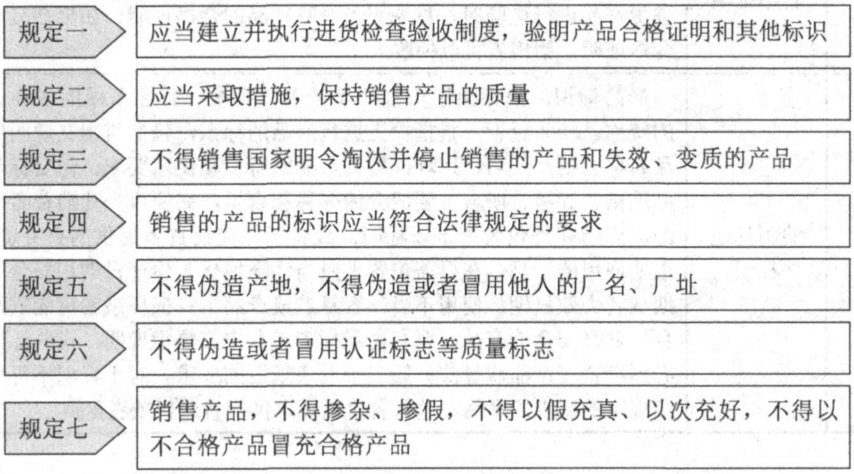

图10-5 销售者的产品质量责任和义务

1.应当建立并执行进货检查验收制度，验明产品合格证明和其他标识

进货检查验收制度，是指销售者根据国家有关规定和同生产者或其他供货者之间订立的合同的约定，对购进的产品质量进行检查，符合合同约定的予以验收的制度。这是法律对销售者规定的一项重要的法律义务。其目的是对销售

者销售的货源进行把关，保证销售者所销售产品的质量。这是遏制《产品质量法》禁止销售的产品进入市场的一项有效的措施。

执行进货检查验收制度，不仅是保证产品质量的一个措施，也是保护销售者自身合法权益的一个措施。销售者对所进货物经过检查验收，发现存在产品质量问题时，可以提出异议，经进一步证实所进产品不符合质量要求的，可以拒绝验收进货。如果销售者不认真执行进货检查验收制度，对不符合质量要求的产品，予以验收进货，则产品质量责任随即转移到销售者这一方。因此，销售者必须认真执行进货检查验收制度。

进货检查验收制度的内容包括验明产品合格证明和验明其他标识，如表10-1所示。

表 10-1　进货检查验收制度的内容

序号	内容	具体说明
1	验明产品合格证明	产品或者其包装上应当有产品质量检验合格证明。这里讲的“产品合格证明”，是产品合格证、合格印章等的统称，是生产者出具的用于证明出厂产品的质量经过检验，符合相应要求的标志。销售者在对进货产品进行检验时，首先应当检验产品的合格证明，如果产品没有合格证明，销售者可以拒收
2	验明其他标识	产品标识，是指用于识别产品或者其特征、特性所做的各种表示的统称。验明标识，是指检查进货产品的标识，包括有中文说明的产品名称、生产厂名、厂址；根据产品的特点和使用要求，需要标明产品规格、等级、所含主要成分的名称和含量，需要事先让消费者知晓的，应当在外包装上予以标明，或者预先向消费者提供的有关资料；限期使用的产品，在显著位置上应当清晰地标明生产日期和安全使用期或者失效日期；使用不当，容易造成产品本身损坏或者可能危及人身、财产安全的产品，要有警示标志或者中文警示说明。这些标识都必须符合《产品质量法》第二十七条规定的要求。对于标识不符合法律规定的要求的产品，销售者可以要求供货者退货或者更换

2.应当采取措施，保持销售产品的质量

（1）销售者应当采取措施。销售者应当根据产品的不同特点，采取不同的措施，如采取必要的防雨、通风、防晒、防霉变、分类等方式，对某些特殊产品的保管，应采取控制温度等措施，保持进货时的产品质量状况，尤其是药品和食品等。采取措施，还应包括配置必要的设备和设施。

（2）保持销售产品的质量。这是指销售者通过采取一系列保管措施，使销

售产品的质量基本保持着进货时的质量状况。当然，销售的产品由于其质量的特征和特点，经过一段时间，可能会发生一定的变化，但这种变化应限制在合理的范围内，比如，有些食品刚出厂时味道鲜美，存放一段时间后，由于食品内部的一些变化，使得该食品的味道不如刚出厂时的味道，但是并没有变质，这应当认为是一种合理的变化。

3.不得销售国家明令淘汰并停止销售的产品和失效、变质的产品

（1）国家明令淘汰并停止销售的产品。国家明令淘汰的产品是指国务院及其有关部门通过颁发决定、命令的形式，公开淘汰某项产品或者产品的某个型号。对于国家明令淘汰的产品，国家都要颁布具体的淘汰时间，在这个时间以后，禁止销售该淘汰产品。

国家明令淘汰并停止销售的产品，销售者不得继续销售，这是销售者必须履行的产品质量义务。销售者应当经常关注国家有关这方面的决定和命令，对自己的进货产品及时加以调整。对于国家明令淘汰的产品，销售者已经进货的，应当停止销售，并对淘汰的产品加以退货或销毁处理。如果销售者在国家规定的时间以后仍然继续销售淘汰产品的，有关执法部门则要对所销售的产品加以没收，并处违法销售产品货值金额等值以下的罚款，有违法所得的，还要没收违法所得。

（2）失效、变质的产品。销售者不得销售失效、变质的产品。失效是指产品失去了本来应当具有的效力、作用。变质是指产品内在质量发生了本质性的物理、化学变化，失去了产品应当具备的使用价值。法律规定禁止销售失效、变质的产品。销售者违反了这一法定义务，要承担相应的法律责任；造成人身、财产损害的，要承担赔偿责任；构成犯罪的，要依法追究刑事责任。

4.销售的产品的标识应当符合法律规定的要求

销售者在进货时，应认真执行进货检查验收制度，特别是要检查产品的标识是否符合法律的规定，对于标识符合法律规定的要求的产品可以验收进货，对于标识不符合法律规定的要求的产品，则应拒收。销售者在把好进货关的同时，也应采取措施保持产品的标识能够符合法律规定的要求，不得擅自将产品的标识加以涂改，特别是限期使用的产品，不能为了经济利益而改变产品的安全使用期或者失效日期。销售者由于对于所进的产品不能做到逐一检验，因而，

在销售过程中，应当对所销售产品的标识经常进行检查，发现不符合法律规定的，要及时撤下柜台，以保证销售产品的标识符合法律的规定。

5. 不得伪造产地，不得伪造或者冒用他人的厂名、厂址

（1）不得伪造产地。伪造产地，是指销售者对产品原有的标识进行篡改或者变造，即在产品或者包装上标注假的产地。如销售者所进的皮鞋是甲地生产的，销售者为了便于销售，将该皮鞋产地改标为乙地。这就是一种伪造产地的行为。伪造产品产地的行为，是一种欺骗消费者的行为，违反了诚实信用这一法律的基本原则，是法律禁止的行为之一。

（2）不得伪造或者冒用他人的厂名、厂址。伪造厂名、厂址，是指使用非法制作的，或者是编造的标有其他生产者厂名、厂址的标识。即在产品或其包装上标注虚假的厂名、厂址，即根本不存在的厂名、厂址。冒用他人的厂名、厂址，是指未经他人许可而擅自使用他人的厂名和厂址的标识。

伪造或者冒用行为既坑害了消费者，同时又侵害了他人的名誉权、名称权，构成侵权行为。因此，法律对销售者规定了严格的义务，销售者必须认真履行，违反了这一义务性规定，就要承担相应的法律责任。

6. 不得伪造或者冒用认证标志等质量标志

伪造，是指非法制作、编造实际上并不存在的质量标志；冒用，是指未取得认证标志等质量标志，而谎称取得，并擅自使用相应质量标志。这两种行为都是法律所禁止的。

7. 销售产品，不得掺杂、掺假，不得以假充真、以次充好，不得以不合格产品冒充合格产品

（1）销售者销售产品，不得掺杂、掺假。“掺杂、掺假”是指销售者在产品中掺入杂质或者造假，致使产品中有关物质的成分或者含量不符合国家有关法律、法规、标准规定的欺骗行为。

（2）销售者销售产品，不得以假充真、以次充好。“以假充真”是指销售者以牟取非法利润为目的，用一种产品冒充另一种与其特征、特性不同的产品的欺骗行为；“以次充好”是指销售者以低等级、低档次的产品，冒充高等级、高档次的产品的欺骗行为，也包括用废、旧、弃产品冒充新产品的行为。

（3）销售者销售产品，不得以不合格产品冒充合格产品。以不合格产品冒充合格产品，是对消费者的欺骗行为。

掺杂、掺假、以假充真、以次充好、以不合格产品冒充合格产品，这几种违法行为，是销售假冒伪劣产品违法行为的重要表现形式。其行为都是为了牟取非法利润，客观上造成对消费者的欺骗，严重扰乱了正常的市场经济秩序，造成了消费者的财产损失，甚至会危及消费者的人身安全。因此，这三种行为是法律所严格禁止的，违反者要承担相应的法律责任。

四、产品质量损害赔偿责任

1.应赔偿的情形

根据《产品质量法》第四十条规定，售出的产品有下列情形之一的，销售者应当负责修理、更换、退货；给购买产品的消费者造成损失的，销售者应当赔偿损失。

（1）不具备产品应当具备的使用性能而事先未作说明的。

（2）不符合在产品或者其包装上注明采用的产品标准的。

（3）不符合以产品说明、实物样品等方式表明的质量状况的。

销售者依照上述规定负责修理、更换、退货、赔偿损失后，属于生产者的责任或者属于向销售者提供产品的其他销售者（以下简称供货者）的责任的，销售者有权向生产者、供货者追偿。

销售者未按照上述规定给予修理、更换、退货或者赔偿损失的，由市场监督管理部门责令改正。

小提示

生产者之间、销售者之间、生产者与销售者之间订立的买卖合同、承揽合同有不同约定的，合同当事人按照合同约定执行。

2.生产缺陷产品的赔偿责任

根据《产品质量法》第四十一条规定，因产品存在缺陷造成人身、缺陷产品以外的其他财产（以下简称他人财产）损害的，生产者应当承担赔偿责任。

这里的缺陷，是指产品存在危及人身、他人财产安全的不合理的危险；产品有保障人体健康和人身、财产安全的国家标准、行业标准的，是指不符合该标准。

但生产者能够证明有图10-6所示情形之一的，不承担赔偿责任。

1 未将产品投入流通的

2 产品投入流通时，引起损害的缺陷尚不存在的

3 将产品投入流通时的科学技术水平尚不能发现缺陷的存在的

但是对于生产缺陷产品，事后主动发现或者被监管部门查处的，应当履行产品召回责任，予以修正或销毁，并办理有关赔偿事项。

图10-6　生产者不承担赔偿责任的情形

3.销售缺陷产品的赔偿责任

《产品质量法》第四十二条规定，由于销售者的过错使产品存在缺陷，造成人身、他人财产损害的，销售者应当承担赔偿责任。

销售者不能指明缺陷产品的生产者也不能指明缺陷产品的供货者的，销售者应当承担赔偿责任。

五、产品质量监督管理

1.工业产品生产许可证制度

工业产品生产许可证是生产许可证制度的一个组成部分，是为保证产品的质量安全，由国家主管产品生产领域质量监督工作的行政部门制定并实施的一项旨在控制产品生产加工企业生产条件的监控制度。

根据《中华人民共和国工业产品生产许可证管理条例》第二条的规定，国家对生产重要工业产品的企业实行生产许可证制度。具体产品范围如图10-7所示。

在中华人民共和国境内从事生产、销售或在经营活动中使用列入生产许可证目录的产品，都要实行生产许可证制度管理。任何企业未取得生产许可证不

范围一	乳制品、肉制品、饮料、米、面、食用油、酒类等直接关系人体健康的加工食品
范围二	电热毯、压力锅、燃气热水器等可能危及人身、财产安全的产品
范围三	税控收款机、防伪验钞仪、卫星电视广播地面接收设备、无线广播电视发射设备等关系金融安全和通信质量安全的产品
范围四	安全网、安全帽、建筑扣件等保障劳动安全的产品
范围五	电力铁塔、桥梁支座、铁路工业产品、水工金属结构、危险化学品及其包装物、容器等影响生产安全、公共安全的产品
范围六	法律、行政法规要求依照本条例的规定实行生产许可证管理的其他产品

图10-7 实行生产许可证制度的产品范围

得生产列入目录的产品。任何单位和个人不得销售或者在经营活动中使用未取得生产许可证的产品。

2.产品质量的监督检查制度

产品质量的监督检查是指国务院产品质量监督部门及地方产品质量监督部门，依据国家有关法律、法规和规章的规定，以及同级人民政府赋予的行政职权，对生产、流通领域的产品质量，代表政府实施的一种具有监督性质的检查活动。产品质量监督检查的对象如图10-8所示。

对象一	可能危及人体健康和人身、财产安全的产品，主要是指食品、药品、医疗器械、压力容器、易燃易爆产品等
对象二	影响国计民生的重要工业产品，主要是指农药、化肥、建筑用钢筋、水泥、计量器具、烟草等
对象三	消费者、有关组织反映有质量问题的产品，主要是指假冒伪劣产品，即掺杂、掺假，以假充真，以次充好，以不合格产品冒充合格产品等
对象四	获得各种质量证书、标志的产品

图10-8 产品质量监督检查的对象

3. 产品质量标准制度

根据《产品质量法》第十三条规定，可能危及人体健康和人身、财产安全的工业产品，必须符合保障人体健康和人身、财产安全的国家标准、行业标准；未制定国家标准、行业标准的，必须符合保障人体健康和人身、财产安全的要求。禁止生产、销售不符合保障人体健康和人身、财产安全的标准和要求的工业产品。

4. 企业质量体系认证

企业质量体系认证制度，是指国务院产品质量监督管理部门或者由它授权的部门认可的认证机构，依据国际通用的“质量管理和质量保证”系列标准，对企业的质量体系和质量保证能力进行审核合格，颁发企业质量体系认证证书，以资证明的制度。

5. 产品质量认证制度

产品质量认证，是依据产品标准和相应技术要求，经国家认证机构确认并通过颁发认证证书和认证标志来证明某一产品符合相应标准和技术要求的活动。

根据《产品质量法》第十四条第二款规定，企业根据自愿原则可以向国务院市场监督管理部门认可的或者国务院市场监督管理部门授权的部门认可的认证机构申请产品质量认证。经认证合格的，由认证机构颁发产品质量认证证书，准许企业在产品或者其包装上使用产品质量认证标志。

6. 产品召回制度

产品召回制度是指流通中的产品存在缺陷，可能会导致损害发生的情况下，产品的生产经营者采取发布公告通知等措施敦促消费者交回缺陷产品，经营者采取有效措施，消除缺陷防止危害发生的一种事先救济制度。

其特征是一种事先救济，也是一种质量担保补充形式：产品一旦被召回，将追溯至缺陷产品开始销售之时，所有流通的缺陷产品都划入召回之列。

我国产品召回制度目前只限汽车，具体的法规有《缺陷汽车产品召回管理规定》《缺陷汽车产品召回专家库建立与管理办法》《缺陷汽车产品召回信息系统管理办法》等。

六、违反《产品质量法》的法律责任

不论是生产者，还是销售者，只要违反《产品质量法》，就要负相应的法律责任。对此，《产品质量法》有表10-2所示的规定。

表 10-2 违反《产品质量法》的法律责任

序号	违法情形	法律责任
1	生产、销售不符合保障人体健康和人身、财产安全的国家标准、行业标准的产品的	（1）责令停止生产、销售，没收违法生产、销售的产品，并处违法生产、销售产品（包括已售出和未售出的产品，下同）货值金额等值以上三倍以下的罚款； （2）有违法所得的，并处没收违法所得； （3）情节严重的，吊销营业执照； （4）构成犯罪的，依法追究刑事责任
2	在产品中掺杂、掺假，以假充真，以次充好，或者以不合格产品冒充合格产品的	（1）责令停止生产、销售，没收违法生产、销售的产品，并处违法生产、销售产品货值金额百分之五十以上三倍以下的罚款； （2）有违法所得的，并处没收违法所得； （3）情节严重的，吊销营业执照； （4）构成犯罪的，依法追究刑事责任
3	生产国家明令淘汰的产品的，销售国家明令淘汰并停止销售的产品的	（1）责令停止生产、销售，没收违法生产、销售的产品，并处违法生产、销售产品货值金额等值以下的罚款； （2）有违法所得的，并处没收违法所得； （3）情节严重的，吊销营业执照
4	销售失效、变质的产品的	（1）责令停止销售，没收违法销售的产品，并处违法销售产品货值金额二倍以下的罚款； （2）有违法所得的，并处没收违法所得； （3）情节严重的，吊销营业执照； （4）构成犯罪的，依法追究刑事责任
5	伪造产品产地的，伪造或者冒用他人厂名、厂址的，伪造或者冒用认证标志等质量标志的	（1）责令改正，没收违法生产、销售的产品，并处违法生产、销售产品货值金额等值以下的罚款； （2）有违法所得的，并处没收违法所得； （3）情节严重的，吊销营业执照
6	产品标识不符合《产品质量法》第二十七条规定的	责令改正

续表

序号	违法情形	法律责任
7	有包装的产品标识不符合《产品质量法》第二十七条第四项、第五项规定，情节严重的	（1）责令停止生产、销售，并处违法生产、销售产品货值金额百分之三十以下的罚款； （2）有违法所得的，并处没收违法所得
8	销售者销售《产品质量法》第四十九条至第五十三条规定禁止销售的产品，有充分证据证明其不知道该产品为禁止销售的产品并如实说明其进货来源的	可以从轻或者减轻处罚
9	拒绝接受依法进行的产品质量监督检查的	（1）给予警告，责令改正； （2）拒不改正的，责令停业整顿； （3）情节特别严重的，吊销营业执照
10	在广告中对产品质量作虚假宣传，欺骗和误导消费者的	依照《中华人民共和国广告法》的规定追究法律责任
11	生产者专门用于生产《产品质量法》第四十九条、第五十一条所列的产品或者以假充真的产品的原辅材料、包装物、生产工具	应当予以没收
12	知道或者应当知道属于《产品质量法》规定禁止生产、销售的产品而为其提供运输、保管、仓储等便利条件的，或者为以假充真的产品提供制假生产技术的	（1）没收全部运输、保管、仓储或者提供制假生产技术的收入，并处违法收入百分之五十以上三倍以下的罚款； （2）构成犯罪的，依法追究刑事责任
13	服务业的经营者将《产品质量法》第四十九条至第五十二条规定禁止销售的产品用于经营性服务的	责令停止使用
14	对知道或者应当知道所使用的产品属于《产品质量法》规定禁止销售的产品的	按照违法使用的产品（包括已使用和尚未使用的产品）的货值金额，依照《产品质量法》对销售者的处罚规定处罚
15	隐匿、转移、变卖、损毁被市场监督管理部门查封、扣押的物品的	（1）处被隐匿、转移、变卖、损毁物品货值金额等值以上三倍以下的罚款； （2）有违法所得的，并处没收违法所得
16	违反《产品质量法》规定	应当承担民事赔偿责任和缴纳罚款、罚金，其财产不足以同时支付时，先承担民事赔偿责任
17	以暴力、威胁方法阻碍市场监督管理部门的工作人员依法执行职务的	（1）依法追究刑事责任； （2）拒绝、阻碍未使用暴力、威胁方法的，由公安机关依照治安管理处罚法的规定处罚

律师说法

【案例背景】

A公司与B公司签订了《染色筒子纱加工协议》，约定由B公司为A公司加工染色筒子纱，时间自2018年10月至2019年12月。2019年5月至6月间，B公司加工批次为P090035至P090053，色号为32S2HPM-A90501的黑色筒子染色纱出现质量问题，终端客户在织造过程中发现有色花严重的情况，经测试为染色纱固色出现问题或浮色未洗净，致使客户色织的大货需要作特殊洗水处理，增加洗水费用129983.2元，另还需支付附加人工、蒸汽、水以及出现问题安排人手处理的额外费用。

此事发生后，A公司多次与B公司电话联系，并将《质量投诉反馈函》传真给B公司，但B公司方面不予理睬。本着减少损失和维护公司信誉的目的，A公司经与客户多次协商，最后确定由A公司承担126000元。上述费用实际承担后，A公司将126000元从应支付给B公司的加工款中扣除，并结算了余下的加工款。

2020年6月25日，B公司向绍兴市越城区人民法院提起诉讼，要求判令A公司立即支付货款126000元。A公司收案后，立即组织相关部门、人员收集、整理相关证据，并提起了质量索赔反诉。

本案中，A公司与B公司各有哪些责任和义务?

【案例分析】

本案属于合同违约之诉。B公司作为加工承揽义务方，应当按照约定的质量标准和时间完成加工染色筒子纱工作并有权获得合同报酬。但是B公司显然因为生产过程发生失误，导致成品不符合标准，经过A公司减损补救，才最终解决了产品质量事故责任问题。B公司对于A公司应当承担合同违约责任，具体而言就是损失赔偿责任，包括直接损失和间接损失。A公司对于B公司的违约发生后，采取了合同减损的行动，完全符合民法典法律规定，A公司有权主张B公司承担减损带来的有关费用支出。

【律师点评】

产品质量责任尽管有国家标准、行业标准、市场通常标准等类别设置，但是于法律而言，并不是满足了产品质量标准，就可以完全不负法律责任甚至豁免法律赔偿责任。从世界各国的司法实践来看，产品质量标准属于法定的最低标准。作为生产、销售企业而言，应当主动提高并及时调整、修正产品质量标准，更好地满足社会消费使用。因为法律越来越倾向于保护消费者和使用者。

第十一章

与消费者权益保护有关的法律常识

在市场经济条件下，消费是一切经济活动的起点和归宿。消费者是生产者的“衣食父母”，没有消费者的“货币投票”，生产者生产的产品就失去意义。因此，作为生产者的企业高管人员要牢记，保护消费者的利益，重点是提高质量，同时这也是保护自身的利益。对于消费者权益保护主要适用于侵权法领域，当然不排除合同违约诉讼等竞合情形。

一、消费者权益的概念

消费者权益是指消费者在有偿获得商品或接受服务时，以及在以后的一定时期内依法享有的权益。

为了保护消费者的合法权益，维护社会经济秩序，促进社会主义市场经济健康发展，我国制定了《中华人民共和国消费者权益保护法》(以下简称《消费者权益保护法》)。

二、消费者的权利

消费者的权利，是指由国家法律通常是由一国的消费者权益基本法所确认的，在消费领域消费者能够做出或不做出一定行为，以及其要求经营者相应做出或不做出一定行为的许可和保障。

消费者的具体权利包括图11-1所示的内容。

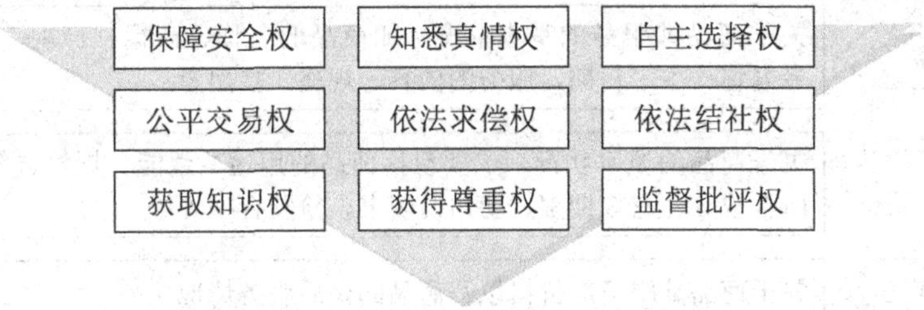

图11-1 消费者的具体权利

1.保障安全权

保障安全权是消费者最基本的权利。它是消费者在购买、使用商品和接受服务时所享有的保障其人身、财产安全不受损害的权利。根据《消费者权益保护法》第七条规定，消费者的保障安全权包括人身安全权和财产安全权，如图11-2所示。

图11-2 保障安全权的主要表现

小提示

消费者保障安全权的实现主要是通过国家制定卫生、安全等标准，并加强监督检查来实现的。

2.知悉真情权

知悉真情权，或称获取信息权、知情权、了解权，是消费者享有的知悉其购买、使用的商品或接受的服务的真实情况的权利。根据《消费者权益保护法》第八条规定，消费者知情权的内容主要包括图11-3所示的几个方面。

内容一　关于商品或服务的基本情况。如商品的名称、商标、产地、生产者名称、生产日期，服务的内容、规格、费用等

内容二　关于商品的技术状况。主要包括商品的用途、性能、规格、等级、所含成分、有效期限、使用说明书、检验合格证等

内容三　关于商品或服务的价格以及商品的售后服务情况

图11-3　消费者知情权的内容

知情权作为消费者的一项法定权利，其实现受到法律的严格保护。根据消费者权益保护法的规定，消费者可以通过图11-4所示的方式来实现自己的知情权。

1　消费者有权要求经营者按照法律、法规规定的方式标明商品或服务的真实情况

2　消费者有权向经营者询问和了解商品或服务的有关情况，经营者有义务回答

3　消费者因被人欺诈或引人误解的宣传而与经营者交易的，有权主张该交易无效

图11-4　消费者实现知情权的方式

3.自主选择权

《消费者权益保护法》第九条第一款规定，消费者享有自主选择商品或者服务的权利。具体如图11-5所示。

1　有权自主选择提供商品或者服务的经营者

2　有权自主选择商品品种或者服务方式

3　有权自主决定购买或者不购买任何一种商品、接受或者不接受任何一项服务

4　有权进行比较、鉴别和挑选

图11-5　消费者自主选择权的内容

4. 公平交易权

根据《消费者权益保护法》第十条规定，消费者在购买商品或者接受服务时，享有如图11-6所示的公平交易的权利。

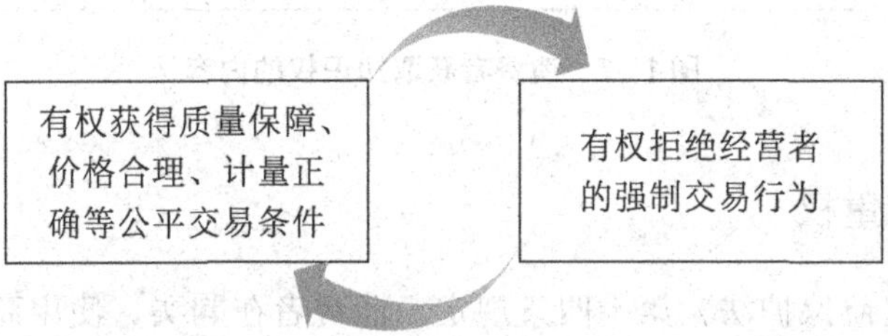

图11-6 消费者公平交易权的内容

5. 依法求偿权

《消费者权益保护法》第十一条规定，消费者因购买、使用商品或者接受服务受到人身、财产损害的，享有依法获得赔偿的权利。

6. 依法结社权

《消费者权益保护法》第十二条规定，消费者享有依法成立维护自身合法权益的社会组织的权利。

消费者结社权包括两大方面的内容：

（1）有权要求国家、政府建立代表、保障消费者合法权益的职能部门；

（2）消费者有权自己建立自己的组织——消费者协会。

7. 获取知识权

根据《消费者权益保护法》第十三条规定，消费者享有获得有关消费和消费者权益保护方面的知识的权利。具体如图11-7所示。

内容一 **获得消费知识教育的权利**

即关于商品、服务、市场、消费心理等方面的知识，具体即与消费者正确地选购、公平的交易、合理地使用商品或者接受服务有关的知识

内容二　获得消费者权益保护知识教育的权利

主要是指消费者权益保护方面的知识，涉及消费者权利、经营者义务，消费者在其合法权益受到侵害时应如何保护自己，消费者在行使权利过程中应注意的问题等

图 11-7　消费者获取知识权的内容

8. 获得尊重权

《消费者权益保护法》第十四条规定，消费者在购买、使用商品和接受服务时，享有人格尊严、民族风俗习惯得到尊重的权利，享有个人信息依法得到保护的权利。

消费者的受尊重权分为消费者的人格尊严受尊重和民族风俗习惯受尊重两部分。前者是指消费者在购买、使用商品和接受服务时所享有的姓名、名誉、荣誉、肖像等人格不受侵犯的权利。消费者的民族风俗习惯获得尊重，是指在消费时其民族风俗习惯不受歧视、不受侵犯，并且经营者应当对其民族风俗习惯予以充分的尊重和理解，在可能的情况下，应尽量满足其带有民族意蕴的特殊要求。

9. 监督批评权

根据《消费者权益保护法》第十五条规定，消费者享有对商品和服务以及保护消费者权益工作进行监督的权利。具体如图 11-8 所示。

图 11-8　消费者监督批评权

三、经营者的义务

经营者是向消费者提供其生产、销售的商品或者提供服务的公民、法人或者其他经济组织，他是以营利为目的从事生产经营活动并与消费者相对应的另一方当事人。

在消费法律关系中，消费者的权利就是经营者的义务。为了有效地保护消费者的权益，约束经营者的经营行为，《消费者权益保护法》不仅专章规定了消费者的权利，还专章规定了经营者的义务。

根据《消费者权益保护法》第十六条规定，经营者向消费者提供商品或者服务，应当依照法律、法规履行义务。经营者与消费者有约定的，应当按照约定履行义务，但双方的约定不得违背法律、法规的规定。具体义务包括表11-1所示内容。

表 11-1　经营者的义务

序号	义务	具体说明
1	履行法定义务及约定义务	经营者向消费者提供商品和服务，应依照法律、法规的规定履行义务。双方有约定的，应按照约定履行义务，但双方的约定不得违法
2	接受监督的义务	经营者应当听取消费者对其提供的商品或服务的意见，接受消费者的监督
3	保证商品和服务安全的义务	经营者应当保证其提供的商品或服务符合保障人身、财产安全的要求。经营者应当做到： （1）对可能危及人身、财产安全的商品和服务，应做出真实说明和明确的警示，标明正确使用及防止危害发生的方法。 （2）宾馆、商场、餐馆、银行、机场、车站、港口、影剧院等经营场所的经营者，应当对消费者尽到安全保障义务。 （3）经营者发现其提供的商品或者服务存在严重缺陷，即使正确使用或接受服务仍然可能对人身、财产造成危害的，应立即向政府有关部门报告和告知消费者，并采取相应的防范措施
4	提供真实信息的义务	（1）经营者向消费者提供有关商品或者服务的质量、性能、用途、有效期限等信息，应当真实、全面，不得作虚假或者引人误解的宣传。 （2）经营者对消费者就其提供的商品或者服务的质量和使用方法等问题提出的询问，应当作出真实、明确的答复。 （3）经营者提供商品或者服务应当明码标价

续表

序号	义务	具体说明
5	标明真实名称和标记的义务	（1）经营者应当标明其真实名称和标记。 （2）租赁他人柜台或者场地的经营者，应当标明其真实名称和标记
6	出具凭证或单据的义务	（1）经营者提供商品或者服务，应按照国家规定或商业惯例向消费者出具购货凭证或者服务单据。 （2）消费者索要购货凭证或者单据的，经营者必须出具
7	保证质量的义务	（1）经营者应当保证在正常使用商品或者接受服务的情况下其提供的商品或者服务应当具有的质量、性能、用途和有效期限；但消费者在购买该商品或者接受服务前已经知道其存在瑕疵的除外。 （2）经营者以广告、产品说明、实物样品或者其他方式表明商品或者服务的质量状况的，应当保证提供的商品或者服务的实际质量与表明的质量状况相符。 （3）经营者提供的机动车、计算机、电视机、电冰箱、空调器、洗衣机等耐用商品或者装饰装修等服务，消费者自接受商品或者服务之日起6个月内发现瑕疵，发生争议的，由经营者承担有关瑕疵的举证责任
8	履行“三包”或其他责任的义务	（1）经营者提供的商品或者服务不符合质量要求的，消费者可以依照国家规定、当事人约定退货，或者要求经营者履行更换、修理等义务。 （2）没有国家规定和当事人约定的，消费者可以自收到商品之日起7日内退货。 （3）7日后符合法定解除合同条件的，消费者可以及时退货，不符合法定解除合同条件的，可以要求经营者履行更换、修理等义务
9	不得单方做出对消费者不利规定的义务	（1）经营者在经营活动中使用格式条款的，应当以显著方式提请消费者注意商品或者服务的数量和质量、价款或者费用、履行期限和方式、安全注意事项和风险警示、售后服务、民事责任等与消费者有重大利害关系的内容，并按照消费者的要求予以说明。 （2）经营者不得以格式条款、通知、声明、店堂告示等方式，作出排除或者限制消费者权利、减轻或者免除经营者责任、加重消费者责任等对消费者不公平、不合理的规定，不得利用格式条款并借助技术手段强制交易。 （3）格式条款、通知、声明、店堂告示等含有上述所列内容的，其内容无效
10	不得侵犯消费者人格权的义务	（1）经营者不得对消费者进行侮辱、诽谤，不得搜查消费者的身体及其携带的物品。 （2）不得侵犯消费者的人身自由

续表

序号	义务	具体说明
11	提供经营信息的义务	采用网络、电视、电话、邮购等方式提供商品或者服务的经营者，以及提供证券、保险、银行等金融服务的经营者，应当向消费者提供经营地址、联系方式、商品或者服务的数量和质量、价款或者费用、履行期限和方式、安全注意事项和风险警示、售后服务、民事责任等信息
12	保护消费者信息的义务	（1）经营者收集、使用消费者个人信息，应当遵循合法、正当、必要的原则，明示收集、使用信息的目的、方式和范围，并经消费者同意。经营者收集、使用消费者个人信息，应当公开其收集、使用规则，不得违反法律、法规的规定和双方的约定收集、使用信息。 （2）经营者及其工作人员对收集的消费者个人信息必须严格保密，不得泄露、出售或者非法向他人提供。经营者应当采取技术措施和其他必要措施，确保信息安全，防止消费者个人信息泄露、丢失。在发生或者可能发生信息泄露、丢失的情况时，应当立即采取补救措施。 （3）经营者未经消费者同意或者请求，或者消费者明确表示拒绝的，不得向其发送商业性信息

四、消费者权益争议的解决

1. 消费者权益争议的解决途径

各类争议的解决，大多都有协商、调解、仲裁、诉讼等基本的解决途径，消费者权益争议也与此类似。根据我国《消费者权益保护法》第三十九条的规定，消费者与经营者发生消费者权益争议的，可以通过图11-9所示的途径解决。

- 与经营者协商和解
- 请求消费者协会调解
- 向有关行政部门申诉
- 根据与经营者达成的仲裁协议提请仲裁机构仲裁
- 向人民法院提起诉讼

图11-9　争议解决的途径

在选择具体的争议解决途径时，消费者往往能够做出理性的选择，尤其是要权衡争议的解决成本，考虑交易费用。因此，哪种途径在总体上对当事人的利益较大，消费者就可能会选择哪种解决途径。

2.消费者权益争议解决的方式

《消费者权益保护法》对消费者权益争议的解决方式做了明确的规定，具体如表11-2所示。

表 11-2 消费者权益争议的解决方式

序号	争议情形	解决方式
1	消费者在购买、使用商品时，其合法权益受到损害的	可以向销售者要求赔偿
2	消费者在购买、使用商品时，其合法权益受到损害，经销售者赔偿后，属于生产者的责任或者属于向销售者提供商品的其他销售者的责任的	销售者有权向生产者或者其他销售者追偿
3	消费者或者其他受害人因商品缺陷造成人身、财产损害的	（1）可以向销售者要求赔偿，也可以向生产者要求赔偿； （2）属于生产者责任的，销售者赔偿后，有权向生产者追偿； （3）属于销售者责任的，生产者赔偿后，有权向销售者追偿
4	消费者在接受服务时，其合法权益受到损害的	可以向服务者要求赔偿
5	消费者在购买、使用商品或者接受服务时，其合法权益受到损害，因原企业分立、合并的	可以向变更后承受其权利义务的企业要求赔偿
6	使用他人营业执照的违法经营者提供商品或者服务，损害消费者合法权益的	消费者可以向其要求赔偿，也可以向营业执照的持有人要求赔偿
7	消费者在展销会、租赁柜台购买商品或者接受服务，其合法权益受到损害的	（1）可以向销售者或者服务者要求赔偿； （2）展销会结束或者柜台租赁期满后，也可以向展销会的举办者、柜台的出租者要求赔偿； （3）展销会的举办者、柜台的出租者赔偿后，有权向销售者或者服务者追偿
8	消费者通过网络交易平台购买商品或者接受服务，其合法权益受到损害的	可以向销售者或者服务者要求赔偿

续表

序号	争议情形	解决方式
9	网络交易平台提供者不能提供销售者或者服务者的真实名称、地址和有效联系方式的	消费者也可以向网络交易平台提供者要求赔偿
10	网络交易平台提供者作出更有利于消费者的承诺的	应当履行承诺
11	网络交易平台提供者明知或者应知销售者或者服务者利用其平台侵害消费者合法权益，未采取必要措施的	依法与该销售者或者服务者承担连带责任
12	消费者因经营者利用虚假广告或者其他虚假宣传方式提供商品或者服务，其合法权益受到损害的	可以向经营者要求赔偿
13	广告经营者、发布者发布虚假广告的	消费者可以请求行政主管部门予以惩处
14	广告经营者、发布者不能提供经营者的真实名称、地址和有效联系方式的	应当承担赔偿责任
15	广告经营者、发布者设计、制作、发布关系消费者生命健康商品或者服务的虚假广告，造成消费者损害的	应当与提供该商品或者服务的经营者承担连带责任
16	社会团体或者其他组织、个人在关系消费者生命健康商品或者服务的虚假广告或者其他虚假宣传中向消费者推荐商品或者服务，造成消费者损害的	应当与提供该商品或者服务的经营者承担连带责任

五、侵犯消费者合法权益的法律责任

《消费者权益保护法》对侵犯消费者合法权益行为所要负的法律责任，做了明确的规定，具体如表 11-3 所示。

表 11-3　侵犯消费者合法权益的法律责任

序号	违法情形	法律责任
1	经营者提供商品或者服务有下列情形之一的： （1）商品或者服务存在缺陷的； （2）不具备商品应当具备的使用性能而出售时未作说明的；	除本法另有规定外，应当依照其他有关法律、法规的规定，承担民事责任

续表

序号	违法情形	法律责任
1	（3）不符合在商品或者其包装上注明采用的商品标准的； （4）不符合商品说明、实物样品等方式表明的质量状况的； （5）生产国家明令淘汰的商品或者销售失效、变质的商品的； （6）销售的商品数量不足的； （7）服务的内容和费用违反约定的； （8）对消费者提出的修理、重作、更换、退货、补足商品数量、退还货款和服务费用或者赔偿损失的要求，故意拖延或者无理拒绝的； （9）法律、法规规定的其他损害消费者权益的情形	除本法另有规定外，应当依照其他有关法律、法规的规定，承担民事责任
2	经营者对消费者未尽到安全保障义务，造成消费者损害的	应当承担侵权责任
3	经营者提供商品或者服务，造成消费者或者其他受害人人身伤害的	（1）应当赔偿医疗费、护理费、交通费等为治疗和康复支出的合理费用，以及因误工减少的收入； （2）造成残疾的，还应当赔偿残疾生活辅助器具费和残疾赔偿金； （3）造成死亡的，还应当赔偿丧葬费和死亡赔偿金
4	经营者侵害消费者的人格尊严、侵犯消费者人身自由或者侵害消费者个人信息依法得到保护的权利的	应当停止侵害、恢复名誉、消除影响、赔礼道歉，并赔偿损失
5	经营者有侮辱诽谤、搜查身体、侵犯人身自由等侵害消费者或者其他受害人人身权益的行为，造成严重精神损害的	受害人可以要求精神损害赔偿
6	经营者提供商品或者服务，造成消费者财产损害的	应当依照法律规定或者当事人约定承担修理、重作、更换、退货、补足商品数量、退还货款和服务费用或者赔偿损失等民事责任
7	经营者以预收款方式提供商品或者服务的	应当按照约定提供
8	经营者以预收款方式提供商品或者服务，未按照约定提供的	（1）应当按照消费者的要求履行约定或者退回预付款； （2）并应当承担预付款的利息、消费者必须支付的合理费用

续表

序号	违法情形	法律责任
9	依法经有关行政部门认定为不合格的商品，消费者要求退货的	经营者应当负责退货
10	经营者提供商品或者服务有欺诈行为的	（1）应当按照消费者的要求增加赔偿其受到的损失，增加赔偿的金额为消费者购买商品的价款或者接受服务的费用的3倍； （2）增加赔偿的金额不足500元的，为500元； （3）法律另有规定的，依照其规定
11	经营者明知商品或者服务存在缺陷，仍然向消费者提供，造成消费者或者其他受害人死亡或者健康严重损害的	受害人有权要求经营者依照本法第四十九条、第五十一条等法律规定赔偿损失，并有权要求所受损失2倍以下的惩罚性赔偿
12	经营者有下列情形之一： （1）提供的商品或者服务不符合保障人身、财产安全要求的； （2）在商品中掺杂、掺假，以假充真，以次充好，或者以不合格商品冒充合格商品的； （3）生产国家明令淘汰的商品或者销售失效、变质的商品的； （4）伪造商品的产地，伪造或者冒用他人的厂名、厂址，篡改生产日期，伪造或者冒用认证标志等质量标志的； （5）销售的商品应当检验、检疫而未检验、检疫或者伪造检验、检疫结果的； （6）对商品或者服务作虚假或者引人误解的宣传的； （7）拒绝或者拖延有关行政部门责令对缺陷商品或者服务采取停止销售、警示、召回、无害化处理、销毁、停止生产或者服务等措施的； （8）对消费者提出的修理、重作、更换、退货、补足商品数量、退还货款和服务费用或者赔偿损失的要求，故意拖延或者无理拒绝的； （9）侵害消费者人格尊严、侵犯消费者人身自由或者侵害消费者个人信息依法得到保护的权利的；	（1）除承担相应的民事责任外，其他有关法律、法规对处罚机关和处罚方式有规定的，依照法律、法规的规定执行； （2）法律、法规未作规定的，由工商行政管理部门或者其他有关行政部门责令改正，可以根据情节单处或者并处警告、没收违法所得、处以违法所得一倍以上十倍以下的罚款，没有违法所得的，处以五十万元以下的罚款；

续表

序号	违法情形	法律责任
12	（10）法律、法规规定的对损害消费者权益应当予以处罚的其他情形。 经营者有前款规定情形的，除依照法律、法规规定予以处罚外，处罚机关应当记入信用档案，向社会公布	（3）情节严重的，责令停业整顿、吊销营业执照
13	经营者违反本法规定提供商品或者服务，侵害消费者合法权益，构成犯罪的	依法追究刑事责任
14	经营者违反本法规定，应当承担民事赔偿责任和缴纳罚款、罚金，其财产不足以同时支付的	先承担民事赔偿责任
15	经营者对行政处罚决定不服的	可以依法申请行政复议或者提起行政诉讼
16	以暴力、威胁等方法阻碍有关行政部门工作人员依法执行职务的	依法追究刑事责任
17	拒绝、阻碍有关行政部门工作人员依法执行职务，未使用暴力、威胁方法的	由公安机关依照《中华人民共和国治安管理处罚法》的规定处罚

律师说法

【案例背景】

2020年1月10日，消费者马先生通过临夏某快递公司向湖南永州快递新鲜生牛肉，快递费1404元。快递公司承诺两天内就可寄到，实际该快递商品1月15日（延误3天）才到达目的地，货物（新鲜生牛肉、牛骨头、牛油）抵达时，现场拆包发现已全部变质。消费者要求快递公司赔偿，快递公司告知仅可以赔偿货物价值一部分，不能全部赔偿。双方协商无果，消费者向甘肃省市场监督管理局12315指挥中心投诉。

临夏市市场监管局折桥监管所接到省局分派的投诉单后，立即进行调查。经查，消费者投诉情况属实。执法人员多次联系该快递公司，上门讲解《中华人民共和国消费者权益保护法》《中华人民共和国合同法》《快递暂行条例》等法律法规。执法人员指出，货运单上已写明货物是新鲜生牛肉，但快递公司揽收货物时未提醒消费者准备冰袋等相关保鲜措施，公司自身也未进行冰鲜保存快递，且实际运输时间为5天，超过承诺运抵时限，导致货物全部变质。经执法人员多次沟通协调，该公司同意向消费者赔偿全部损失2.3752万元（快递货物价值和快递费），消费者表示满意。

【案例分析】

这是一起因快递物品保鲜措施不当、快递时间延误引起的消费者权益纠纷。《中华人民共和国消费者权益保护法》第七条规定："消费者在购买、使用商品和接受服务时享有人身、财产安全不受损害的权利。消费者有权要求经营者提供的商品和服务，符合保障人身、财产安全的要求。"第十一条规定："消费者因购买、使用商品或者接受服务受到人身、财产损害的，享有依法获得赔偿的权利。"《中华人民共和国合同法》第一百零七条（现为《中华人民共和国民法典》第五百七十七条）规定："当事人一方不履行合同义务或者履行合同义务不符合约定的，应当承担继续履行、采取补救措施或者赔偿损失等违约责任。"《快递暂行条例》第二十四条规定："经营快递业务的企业应当规范操作，防止造成快件损毁。法律法规对食品、药品等特定物品的运输有特殊规定的，寄件人、经营快递业务的企业应当遵守相关规定。"本案中，因快递公司未规范操作，时间延误，致使消费者财产受损，快递公司未对消费者财产尽到安全保障义务，理应承担赔偿损失。

【律师点评】

这是一起比较典型的责任赔偿争议案件。通常快递和行李托运都存在责任限额赔偿的约定和执行。例如空运、海运、陆运行李货物过程中，存在保价运输或者是非保价常规运输事项。在具体操作过程中，对于合同双方而言还是应当认真核实行李物品和如实申报问题。任何不如实申报或不认真审核查验物品的行为，都是违约行为，也是违反货物运输规定的。由此带来的损失需要责任方承担。此外，货物运输也是有保险保障的。本案中，承运人没有分类并采取积极措施，导致货物运输延误变质，因此承担了运输违约责任。事实上，对于消费者的权益保护，主要是侵权责任承担，对于合同违约之诉，也存在选择空间。但是对于消费者侵权之诉，从我国法律和世界各国法律看，适用惩罚性赔偿规则，即可以在消费者消费金额基础上适用一到十倍以内的惩罚性赔偿或者是罚款。其目的就是严惩侵犯消费者利益的行为，因为消费者处于劣势或弱势地位，需要国家法律强制保障。

第十二章

与市场竞争有关的法律常识

企业的生命在于竞争，竞争是社会主义市场经济发展的重要机制，公平是竞争的基本原则。作为企业管理者，要带领企业合法经营，公平竞争，营造良好的市场环境，促进企业的良性发展。反不正当竞争与反垄断目前已经成为国家间综合实力竞争、跨境企业市场竞争、企业合规建设的主要内容，尤其需要各类企业关注。

一、不正当竞争行为的概念

不正当竞争行为，是指经营者在生产经营活动中，违反《中华人民共和国反不正当竞争法》（以下简称《反不正当竞争法》）规定，扰乱市场竞争秩序，损害其他经营者或者消费者的合法权益的行为。

这里的经营者，是指从事商品生产、经营或者提供服务的自然人、法人和非法人组织。

二、不正当竞争行为的表现

1. 市场混淆行为

《反不正当竞争法》第六条规定，经营者不得实施下列混淆行为，引人误认为是他人商品或者与他人存在特定联系：

（1）擅自使用与他人有一定影响的商品名称、包装、装潢等相同或者近似的标识；

（2）擅自使用他人有一定影响的企业名称（包括简称、字号等）、社会组织名称（包括简称等）、姓名（包括笔名、艺名、译名等）；

（3）擅自使用他人有一定影响的域名主体部分、网站名称、网页等；

（4）其他足以引人误认为是他人商品或者与他人存在特定联系的混淆行为。

2. 商业贿赂行为

根据《反不正当竞争法》第七条规定，经营者不得采用财物或者其他手段贿赂下列单位或者个人，以谋取交易机会或者竞争优势：

（1）交易相对方的工作人员；

（2）受交易相对方委托办理相关事务的单位或者个人；

（3）利用职权或者影响力影响交易的单位或者个人。

经营者在交易活动中，可以以明示方式向交易相对方支付折扣，或者向中间人支付佣金。经营者向交易相对方支付折扣、向中间人支付佣金的，应当如实入账。接受折扣、佣金的经营者也应当如实入账。

小提示

经营者的工作人员进行贿赂的，应当认定为经营者的行为；但是，经营者有证据证明该工作人员的行为与为经营者谋取交易机会或者竞争优势无关的除外。

3. 虚假宣传行为

《反不正当竞争法》第八条规定，经营者不得对其商品的性能、功能、质量、销售状况、用户评价、曾获荣誉等作虚假或者引人误解的商业宣传，欺骗、误导消费者。

经营者不得通过组织虚假交易等方式，帮助其他经营者进行虚假或者引人误解的商业宣传。

4. 侵犯商业秘密行为

商业秘密，是指不为公众所知悉、具有商业价值并经权利人采取相应保密措施的技术信息、经营信息等商业信息。

根据《反不正当竞争法》第九条规定，经营者不得实施下列侵犯商业秘密的行为：

（1）以盗窃、贿赂、欺诈、胁迫、电子侵入或者其他不正当手段获取权利人的商业秘密；

（2）披露、使用或者允许他人使用以前项手段获取的权利人的商业秘密；

（3）违反保密义务或者违反权利人有关保守商业秘密的要求，披露、使用或者允许他人使用其所掌握的商业秘密；

（4）教唆、引诱、帮助他人违反保密义务或者违反权利人有关保守商业秘密的要求，获取、披露、使用或者允许他人使用权利人的商业秘密。

经营者以外的其他自然人、法人和非法人组织实施上述所列违法行为的，视为侵犯商业秘密。

第三人明知或者应知商业秘密权利人的员工、前员工或者其他单位、个人实施“（1）”所列违法行为，仍获取、披露、使用或者允许他人使用该商业秘密的，视为侵犯商业秘密。

5.有奖销售不正当竞争行为

《反不正当竞争法》第十条规定，经营者进行有奖销售不得存在下列情形：

（1）所设奖的种类、兑奖条件、奖金金额或者奖品等有奖销售信息不明确，影响兑奖；

（2）采用谎称有奖或者故意让内定人员中奖的欺骗方式进行有奖销售；

（3）抽奖式的有奖销售，最高奖的金额超过五万元。

6.商业诋毁行为

《反不正当竞争法》第十一条规定，经营者不得编造、传播虚假信息或者误导性信息，损害竞争对手的商业信誉、商品声誉。

7.互联网领域不正当竞争行为

《反不正当竞争法》第十二条规定，经营者利用网络从事生产经营活动，应当遵守本法的各项规定。

经营者不得利用技术手段，通过影响用户选择或者其他方式，实施下列妨碍、破坏其他经营者合法提供的网络产品或者服务正常运行的行为：

（1）未经其他经营者同意，在其合法提供的网络产品或者服务中，插入链接、强制进行目标跳转；

（2）误导、欺骗、强迫用户修改、关闭、卸载其他经营者合法提供的网络产品或者服务；

（3）恶意对其他经营者合法提供的网络产品或者服务实施不兼容；

（4）其他妨碍、破坏其他经营者合法提供的网络产品或者服务正常运行的行为。

三、不正当竞争的法律责任

《反不正当竞争法》对经营者不正当竞争行为所负的法律责任做了明确规定，如表12-1所示。

表 12-1 不正当竞争的法律责任

序号	不正当竞争行为	法律责任
1	经营者违反《反不正当竞争法》规定，给他人造成损害的	应当依法承担民事责任
2	经营者违反《反不正当竞争法》第六条、第九条规定，权利人因被侵权所受到的实际损失、侵权人因侵权所获得的利益难以确定的	由人民法院根据侵权行为的情节判决给予权利人500万元以下的赔偿
3	经营者违反《反不正当竞争法》第六条规定实施混淆行为的	（1）由监督检查部门责令停止违法行为，没收违法商品； （2）违法经营额5万元以上的，可以并处违法经营额5倍以下的罚款； （3）没有违法经营额或者违法经营额不足5万元的，可以并处25万元以下的罚款； （4）情节严重的，吊销营业执照
4	经营者登记的企业名称违反《反不正当竞争法》第六条规定的	（1）应当及时办理名称变更登记； （2）名称变更前，由原企业登记机关以统一社会信用代码代替其名称
5	经营者违反《反不正当竞争法》第七条规定贿赂他人的	（1）由监督检查部门没收违法所得，处10万元以上300万元以下的罚款； （2）情节严重的，吊销营业执照
6	经营者违反《反不正当竞争法》第八条规定对其商品作虚假或者引人误解的商业宣传，或者通过组织虚假交易等方式帮助其他经营者进行虚假或者引人误解的商业宣传的	（1）由监督检查部门责令停止违法行为，处20万元以上100万元以下的罚款； （2）情节严重的，处100万元以上200万元以下的罚款，可以吊销营业执照

续表

序号	不正当竞争行为	法律责任
7	经营者违反《反不正当竞争法》第八条规定，属于发布虚假广告的	依照《中华人民共和国广告法》的规定处罚
8	经营者以及其他自然人、法人和非法人组织违反《反不正当竞争法》第九条规定侵犯商业秘密的	（1）由监督检查部门责令停止违法行为，没收违法所得，处10万元以上100万元以下的罚款； （2）情节严重的，处50万元以上500万元以下的罚款
9	经营者违反《反不正当竞争法》第十条规定进行有奖销售的	由监督检查部门责令停止违法行为，处5万元以上50万元以下的罚款
10	经营者违反《反不正当竞争法》第十一条规定损害竞争对手商业信誉、商品声誉的	（1）由监督检查部门责令停止违法行为、消除影响，处10万元以上50万元以下的罚款； （2）情节严重的，处50万元以上300万元以下的罚款
11	经营者违反《反不正当竞争法》第十二条规定妨碍、破坏其他经营者合法提供的网络产品或者服务正常运行的	（1）由监督检查部门责令停止违法行为，处10万元以上50万元以下的罚款； （2）情节严重的，处50万元以上300万元以下的罚款
12	经营者违反《反不正当竞争法》规定从事不正当竞争，有主动消除或者减轻违法行为危害后果等法定情形的	（1）依法从轻或者减轻行政处罚； （2）违法行为轻微并及时纠正，没有造成危害后果的，不予行政处罚
13	经营者违反《反不正当竞争法》规定从事不正当竞争，受到行政处罚的	由监督检查部门记入信用记录，并依照有关法律、行政法规的规定予以公示
14	经营者违反《反不正当竞争法》规定，应当承担民事责任、行政责任和刑事责任，其财产不足以支付的	优先用于承担民事责任
15	妨害监督检查部门依照《反不正当竞争法》履行职责，拒绝、阻碍调查的	由监督检查部门责令改正，对个人可以处5000元以下的罚款，对单位可以处5万元以下的罚款，并可以由公安机关依法给予治安管理处罚
16	违反《反不正当竞争法》规定，构成犯罪的	依法追究刑事责任

律师说法

【案例背景】

北京爱奇艺科技有限公司（以下简称爱奇艺公司）是爱奇艺网和手机端爱奇艺APP的经营者，用户支付相应对价成为爱奇艺VIP会员后能够享受跳过广告和观看VIP视频等会员特权。杭州×魂网络科技有限公司（以下简称×魂公司）、杭州×境科技有限公司（以下简称×境公司）通过运营的“马××”APP对其购买的爱奇艺VIP账号进行分时出租，使用户无须购买爱奇艺VIP账号、通过云流化技术手段即可限制爱奇艺APP部分功能。爱奇艺公司诉至法院，要求消除影响并赔偿经济损失及合理开支300万元。一审法院认定×魂公司、×境公司的涉案行为构成不正当竞争，判令其停止侵权，并赔偿爱奇艺公司经济损失及合理开支共计300万元。×魂公司、×境公司不服一审判决，提起上诉，北京知识产权法院二审认定，×魂公司、×境公司的行为妨碍了爱奇艺公司合法提供的网络服务的正常运行，主观恶意明显。×魂公司、×境公司运用网络新技术向社会提供新产品并非基于促进行业新发展的需求，该行为从长远来看也将逐步降低市场活力，破坏竞争秩序和机制，阻碍网络视频市场的正常、有序发展，并最终造成消费者福祉的减损，具有不正当性。北京知识产权法院判决驳回上诉、维持一审判决。

【案例分析】

这是一起侵权性质的不正当竞争案例。

首先，爱奇艺和×魂、×境公司存在竞争关系。网络用户都是二者所争夺的重要经营资源，并且其经营的核心利益往往也取决于网络用户的数量，当其中一方利用他人的竞争优势或以使用影响他人经营模式等不正当手段增加自身网络用户时，该行为必然会使他人网络用户减少，从而对双方的经营利益产生直接影响，在此情况上，双方构成竞争关系。

其次，根据2017年《反不正当竞争法》第十二条第二款第四项之规定，经营者不得利用技术手段，通过影响用户选择或其他方式，实施妨碍、破坏其他经营者合法提供的网络产品或者服务正常运行的行为，该条款适用于经营者在网络环境下利用技术手段实施的不正当竞争行为。×魂、×境公司实际先以消费者角度成为爱奇艺VIP会员，并免除了爱奇艺广告以及营销视频的前端流程干扰。同时将该VIP权益进行分时出租，并在此基础上增加技术改造，人为设置屏蔽了爱奇艺产品部分功能，成为实际控制经营爱奇艺原创产品的“二东家”。没有授权，没有代理服务协议，构成不当竞争，实质是侵权行为。这不仅干扰了爱奇艺公司视频网站的运营，也使得爱奇艺公司的交易机会、会员收入及用户流量等受到实质影响，直接损害了爱奇艺公司基于VIP视频服务所产生的经营收益，从长远看，也将逐步降低市场活力，破坏竞争秩序和机制，阻碍网络视频市场的正常、有序发展，并最终造成消费者福祉的减损。

【律师点评】

不正当竞争和反垄断，核心表现就是违规实现集中性经营，侵犯竞争对手正常市场竞争的权利，通过商业贿赂、价格垄断同盟或者协议联盟、恶意诋毁竞争对手信誉商誉、侵犯其他竞争者知识产权等方式实现对自由市场竞争秩序的侵犯。依照我国法律规定，不正当竞争行为将可能面临行政、民商事和刑事处罚。

第十三章

与广告有关的法律常识

广告是现代企业进行品牌包装、自我营销、提高商品知名度的必要方式，也是消费者了解商品、认知商品、选择商品的重要途径。但是，法律对广告有严格的规定，如果企业处理不当，极易引发纠纷或者面临处罚。因此，企业管理者应了解与广告有关的法律常识。

一、与广告相关的术语

《中华人民共和国广告法》（以下简称《广告法》）对与广告相关的术语，作出了如下的解释。

1. 广告主

广告主是指为推销商品或者服务，自行或者委托他人设计、制作、发布广告的自然人、法人或者其他组织。

2. 广告经营者

广告经营者是指接受委托提供广告设计、制作、代理服务的自然人、法人或者其他组织。

3. 广告发布者

广告发布者是指为广告主或者广告主委托的广告经营者发布广告的自然人、法人或者其他组织。

4. 广告代言人

广告代言人是指广告主以外的，在广告中以自己的名义或者形象对商品、服务作推荐、证明的自然人、法人或者其他组织。

二、发布广告的总要求

根据《广告法》的相关规定，发布广告需遵循图13-1所示的总要求。

要求一	广告应当真实、合法，以健康的表现形式表达广告内容，符合社会主义精神文明建设和弘扬中华民族优秀传统文化的要求
要求二	广告不得含有虚假或者引人误解的内容，不得欺骗、误导消费者
要求三	广告主应当对广告内容的真实性负责
要求四	广告主、广告经营者、广告发布者从事广告活动，应当遵守法律、法规，诚实信用，公平竞争

图13-1　发布广告的总要求

三、广告禁止的情形

《广告法》第九条规定，广告不得有下列情形：

（1）使用或者变相使用中华人民共和国的国旗、国歌、国徽，军旗、军歌、军徽；

（2）使用或者变相使用国家机关、国家机关工作人员的名义或者形象；

（3）使用“国家级”“最高级”“最佳”等用语；

（4）损害国家的尊严或者利益，泄露国家秘密；

（5）妨碍社会安定，损害社会公共利益；

（6）危害人身、财产安全，泄露个人隐私；

（7）妨碍社会公共秩序或者违背社会良好风尚；

（8）含有淫秽、色情、赌博、迷信、恐怖、暴力的内容；

（9）含有民族、种族、宗教、性别歧视的内容；

（10）妨碍环境、自然资源或者文化遗产保护；

（11）法律、行政法规规定禁止的其他情形。

四、虚假广告的情形

《广告法》第二十八条规定，广告以虚假或者引人误解的内容欺骗、误导消费者的，构成虚假广告。

广告有下列情形之一的，为虚假广告：

（1）商品或者服务不存在的；

（2）商品的性能、功能、产地、用途、质量、规格、成分、价格、生产者、有效期限、销售状况、曾获荣誉等信息，或者服务的内容、提供者、形式、质量、价格、销售状况、曾获荣誉等信息，以及与商品或者服务有关的允诺等信息与实际情况不符，对购买行为有实质性影响的；

（3）使用虚构、伪造或者无法验证的科研成果、统计资料、调查结果、文摘、引用语等信息作证明材料的；

（4）虚构使用商品或者接受服务的效果的；

（5）以虚假或者引人误解的内容欺骗、误导消费者的其他情形。

五、广告行为规范

《广告法》对广告行为规范的规定如下。

（1）广播电台、电视台、报刊出版单位从事广告发布业务的，应当设有专门从事广告业务的机构，配备必要的人员，具有与发布广告相适应的场所、设备。

（2）广告主、广告经营者、广告发布者之间在广告活动中应当依法订立书面合同。

（3）广告主、广告经营者、广告发布者不得在广告活动中进行任何形式的不正当竞争。

（4）广告主委托设计、制作、发布广告，应当委托具有合法经营资格的广告经营者、广告发布者。

（5）广告主或者广告经营者在广告中使用他人名义或者形象的，应当事先取得其书面同意；使用无民事行为能力人、限制民事行为能力人的名义或者形象的，应当事先取得其监护人的书面同意。

（6）广告经营者、广告发布者应当按照国家有关规定，建立、健全广告业务的承接登记、审核、档案管理制度。

（7）广告经营者、广告发布者依据法律、行政法规查验有关证明文件，核对广告内容。对内容不符或者证明文件不全的广告，广告经营者不得提供设计、制作、代理服务，广告发布者不得发布。

（8）广告经营者、广告发布者应当公布其收费标准和收费办法。

（9）广告发布者向广告主、广告经营者提供的覆盖率、收视率、点击率、发行量等资料应当真实。

（10）法律、行政法规规定禁止生产、销售的产品或者提供的服务，以及禁止发布广告的商品或者服务，任何单位或者个人不得设计、制作、代理、发布广告。

（11）广告代言人在广告中对商品、服务作推荐、证明，应当依据事实，符合本法和有关法律、行政法规规定，并不得为其未使用过的商品或者未接受过的服务作推荐、证明。

（12）不得利用不满十周岁的未成年人作为广告代言人。

（13）对在虚假广告中作推荐、证明受到行政处罚未满三年的自然人、法人或者其他组织，不得利用其作为广告代言人。

（14）不得在中小学校、幼儿园内开展广告活动，不得利用中小学生和幼儿的教材、教辅材料、练习册、文具、教具、校服、校车等发布或者变相发布广告，但公益广告除外。

（15）在针对未成年人的大众传播媒介上不得发布医疗、药品、保健食品、医疗器械、化妆品、酒类、美容广告，以及不利于未成年人身心健康的网络游戏广告。

（16）针对不满十四周岁的未成年人的商品或者服务的广告不得含有下列内容：

① 劝诱其要求家长购买广告商品或者服务；

② 可能引发其模仿不安全行为。

（17）有下列情形之一的，不得设置户外广告：

① 利用交通安全设施、交通标志的；

② 影响市政公共设施、交通安全设施、交通标志、消防设施、消防安全标志使用的；

③ 妨碍生产或者人民生活，损害市容市貌的；

④ 在国家机关、文物保护单位、风景名胜区等的建筑控制地带，或者县级以上地方人民政府禁止设置户外广告的区域设置的。

（18）任何单位或者个人未经当事人同意或者请求，不得向其住宅、交通工具等发送广告，也不得以电子信息方式向其发送广告。

（19）以电子信息方式发送广告的，应当明示发送者的真实身份和联系方式，并向接收者提供拒绝继续接收的方式。

（20）利用互联网发布、发送广告，不得影响用户正常使用网络。在互联网页面以弹出等形式发布的广告，应当显著标明关闭标志，确保一键关闭。

（21）公共场所的管理者或者电信业务经营者、互联网信息服务提供者对其明知或者应知的利用其场所或者信息传输、发布平台发送、发布违法广告的，应当予以制止。

六、违反《广告法》的法律责任

《广告法》对违反本法规定的违法行为及其所负的法律责任做了明确规定，如表13-1所示。

表13-1　违反《广告法》的法律责任

序号	违法行为	法律责任
1	违反《广告法》规定，发布虚假广告的	（1）由市场监督管理部门责令停止发布广告，责令广告主在相应范围内消除影响，处广告费用3倍以上5倍以下的罚款，广告费用无法计算或者明显偏低的，处20万元以上100万元以下的罚款； （2）两年内有三次以上违法行为或者有其他严重情节的，处广告费用5倍以上10倍以下的罚款，广告费用无法计算或者明显偏低的，处100万元以上200万元以下的罚款，可以吊销营业执照，并由广告审查机关撤销广告审查批准文件、一年内不受理其广告审查申请
2	医疗机构违反《广告法》规定，发布虚假广告，情节严重的	除由市场监督管理部门依照《广告法》处罚外，卫生行政部门可以吊销诊疗科目或者吊销医疗机构执业许可证

续表

序号	违法行为	法律责任
3	广告经营者、广告发布者明知或者应知广告虚假仍设计、制作、代理、发布的	（1）由市场监督管理部门没收广告费用，并处广告费用3倍以上5倍以下的罚款，广告费用无法计算或者明显偏低的，处20万元以上100万元以下的罚款； （2）两年内有三次以上违法行为或者有其他严重情节的，处广告费用5倍以上10倍以下的罚款，广告费用无法计算或者明显偏低的，处100万元以上200万元以下的罚款，并可以由有关部门暂停广告发布业务、吊销营业执照
4	广告主、广告经营者、广告发布者发布虚假广告，明知或者应知广告虚假仍设计、制作、代理、发布，构成犯罪的	依法追究刑事责任
5	违反《广告法》规定，发布虚假广告，欺骗、误导消费者，使购买商品或者接受服务的消费者的合法权益受到损害的	由广告主依法承担民事责任
6	关系消费者生命健康的商品或者服务的虚假广告，造成消费者损害的	其广告经营者、广告发布者、广告代言人应当与广告主承担连带责任
7	关系消费者生命健康以外的商品或者服务的虚假广告，造成消费者损害的	其广告经营者、广告发布者、广告代言人，明知或者应知广告虚假仍设计、制作、代理、发布或者作推荐、证明的，应当与广告主承担连带责任
8	有下列行为之一的： （1）发布有《广告法》第九条、第十条规定的禁止情形的广告的； （2）违反《广告法》第十五条规定发布处方药广告、药品类易制毒化学品广告、戒毒治疗的医疗器械和治疗方法广告的； （3）违反《广告法》第二十条规定，发布声称全部或者部分替代母乳的婴儿乳制品、饮料和其他食品广告的； （4）违反《广告法》第二十二条规定发布烟草广告的； （5）违反《广告法》第三十七条规定，利用广告推销禁止生产、销售的产品或者提供的服务，或者禁止发布广告的商品或者服务的；	（1）由市场监督管理部门责令停止发布广告，对广告主处20万元以上100万元以下的罚款，情节严重的，并可以吊销营业执照，由广告审查机关撤销广告审查批准文件、一年内不受理其广告审查申请；

续表

序号	违法行为	法律责任
8	（6）违反《广告法》第四十条第一款规定，在针对未成年人的大众传播媒介上发布医疗、药品、保健食品、医疗器械、化妆品、酒类、美容广告，以及不利于未成年人身心健康的网络游戏广告的	（2）对广告经营者、广告发布者，由市场监督管理部门没收广告费用，处20万元以上100万元以下的罚款，情节严重的，并可以吊销营业执照
9	有下列行为之一的： （1）违反《广告法》第十六条规定发布医疗、药品、医疗器械广告的； （2）违反《广告法》第十七条规定，在广告中涉及疾病治疗功能，以及使用医疗用语或者易使推销的商品与药品、医疗器械相混淆的用语的； （3）违反《广告法》第十八条规定发布保健食品广告的； （4）违反《广告法》第二十一条规定发布农药、兽药、饲料和饲料添加剂广告的； （5）违反《广告法》第二十三条规定发布酒类广告的； （6）违反《广告法》第二十四条规定发布教育、培训广告的； （7）违反《广告法》第二十五条规定发布招商等有投资回报预期的商品或者服务广告的； （8）违反《广告法》第二十六条规定发布房地产广告的； （9）违反《广告法》第二十七条规定发布农作物种子、林木种子、草种子、种畜禽、水产苗种和种养殖广告的； （10）违反《广告法》第三十八条第二款规定，利用不满十周岁的未成年人作为广告代言人的； （11）违反《广告法》第三十八条第三款规定，利用自然人、法人或者其他组织作为广告代言人的； （12）违反《广告法》第三十九条规定，在中小学校、幼儿园内或者利用与中小学生、幼儿有关的物品发布广告的；	（1）由市场监督管理部门责令停止发布广告，责令广告主在相应范围内消除影响，处广告费用1倍以上3倍以下的罚款，广告费用无法计算或者明显偏低的，处10万元以上20万元以下的罚款； （2）情节严重的，处广告费用3倍以上5倍以下的罚款，广告费用无法计算或者明显偏低的，处20万元以上100万元以下的罚款，可以吊销营业执照，并由广告审查机关撤销广告审查批准文件、一年内不受理其广告审查申请； （3）广告经营者、广告发布者明知或者应知有此违法行为仍设计、制作、代理、发布的，由市场监督管理部门没收广告费用，并处广告费用1倍以上3倍以下的罚款，广告费用无法计算或者明显偏低的，处10万元以上20万元以下的罚款；情节严重的，处广告费用3倍以上5倍以下的罚款，广告费用无法计算或者明显偏低的，处20万元以上100万元以下的罚款，并可以由有关部门暂停广告发布业务、吊销营业执照

续表

序号	违法行为	法律责任
9	（13）违反《广告法》第四十条第二款规定，发布针对不满十四周岁的未成年人的商品或者服务的广告的； （14）违反《广告法》第四十六条规定，未经审查发布广告的	
10	有下列行为之一的： （1）广告内容违反《广告法》第八条规定的； （2）广告引证内容违反《广告法》第十一条规定的； （3）涉及专利的广告违反《广告法》第十二条规定的； （4）违反《广告法》第十三条规定，广告贬低其他生产经营者的商品或者服务的	（1）由市场监督管理部门责令停止发布广告，对广告主处10万元以下的罚款； （2）广告经营者、广告发布者明知或者应知有此违法行为仍设计、制作、代理、发布的，由市场监督管理部门处10万元以下的罚款
11	广告违反《广告法》第十四条规定，不具有可识别性的，或者违反《广告法》第十九条规定，变相发布医疗、药品、医疗器械、保健食品广告的	由市场监督管理部门责令改正，对广告发布者处10万元以下的罚款
12	违反《广告法》第三十四条规定，广告经营者、广告发布者未按照国家有关规定建立、健全广告业务管理制度的，或者未对广告内容进行核对的	由市场监督管理部门责令改正，可以处5万元以下的罚款
13	违反《广告法》第三十五条规定，广告经营者、广告发布者未公布其收费标准和收费办法的	由价格主管部门责令改正，可以处5万元以下的罚款
14	广告代言人有下列情形之一的： （1）违反《广告法》第十六条第一款第四项规定，在医疗、药品、医疗器械广告中作推荐、证明的； （2）违反《广告法》第十八条第一款第五项规定，在保健食品广告中作推荐、证明的； （3）违反《广告法》第三十八条第一款规定，为其未使用过的商品或者未接受过的服务作推荐、证明的； （4）明知或者应知广告虚假仍在广告中对商品、服务作推荐、证明的	由市场监督管理部门没收违法所得，并处违法所得1倍以上2倍以下的罚款

续表

序号	违法行为	法律责任
15	违反《广告法》第四十三条规定发送广告的	由有关部门责令停止违法行为，对广告主处5000元以上3万元以下的罚款
16	违反《广告法》第四十四条第二款规定，利用互联网发布广告，未显著标明关闭标志，确保一键关闭的	由市场监督管理部门责令改正，对广告主处5000元以上3万元以下的罚款
17	违反《广告法》第四十五条规定，公共场所的管理者和电信业务经营者、互联网信息服务提供者，明知或者应知广告活动违法而不予制止的	由工商行政管理部门没收违法所得，违法所得5万元以上的，并处违法所得1倍以上3倍以下的罚款，违法所得不足5万元的，并处1万元以上5万元以下的罚款；情节严重的，由有关部门依法停止相关业务
18	违反《广告法》规定，隐瞒真实情况或者提供虚假材料申请广告审查的	广告审查机关不予受理或者不予批准，予以警告，一年内不受理该申请人的广告审查申请
19	以欺骗、贿赂等不正当手段取得广告审查批准的	广告审查机关予以撤销，处10万元以上20万元以下的罚款，三年内不受理该申请人的广告审查申请
20	违反《广告法》规定，伪造、变造或者转让广告审查批准文件的	由市场监督管理部门没收违法所得，并处1万元以上10万元以下的罚款
21	有《广告法》规定的违法行为的	由市场监督管理部门记入信用档案，并依照有关法律、行政法规规定予以公示
22	广告主、广告经营者、广告发布者违反《广告法》规定，有下列侵权行为之一的： （1）在广告中损害未成年人或者残疾人的身心健康的； （2）假冒他人专利的； （3）贬低其他生产经营者的商品、服务的； （4）在广告中未经同意使用他人名义或者形象的； （5）其他侵犯他人合法民事权益的	依法承担民事责任
23	因发布虚假广告，或者有其他《广告法》规定的违法行为，被吊销营业执照的公司、企业的法定代表人，对违法行为负有个人责任的	自该公司、企业被吊销营业执照之日起三年内不得担任公司、企业的董事、监事、高级管理人员
24	违反《广告法》规定，拒绝、阻挠市场监督管理部门监督检查，或者有其他构成违反治安管理行为的	依法给予治安管理处罚；构成犯罪的，依法追究刑事责任

律师说法

【案例背景】

××市××公司，未经工商部门登记，擅自在公园、商场等地发布由其经销的“沙枣茶”的印刷品广告。在广告中宣传其“具有润肠清积，调整排泄；生血降脂、清热解毒；促进消化、改善睡眠；清糖平压，平衡内分泌和诱导癌细胞自杀的作用”，适应范围“糖尿病、高血压、高血脂等”。该公司对产品的功能、适应范围、成分作引人误解的虚假宣传的行为被××工商分局查获。××工商分局对其作出责令停止发布，消除影响，罚款1.5万元的处罚。

【案例分析】

该案属于发布虚假广告且有违保健食品广告内容要求的案例。

据《广告法》第二十八条的规定，“广告以虚假或者引人误解的内容欺骗、误导消费者的，构成虚假广告”。第十七条规定，“除医疗、药品、医疗器械广告外，禁止其他任何广告涉及疾病治疗功能，并不得使用医疗用语或者易使推销的商品与药品、医疗器械相混淆的用语”。本案广告宣传具有“平衡内分泌和诱导癌细胞自杀的作用”，显然属于对产品功能进行与事实不符的描述而且涉及疾病治疗功能，欺骗诱导了消费者。

根据《广告法》第五十五条、五十六条以及五十八条的规定，应由“市场监督管理部门责令停止发布广告，责令广告主在相应范围内消除影响，处广告费用三倍以上五倍以下的罚款，广告费用无法计算或者明显偏低的，处二十万元以上一百万元以下的罚款；两年内有三次以上违法行为或者有其他严重情节的，处广告费用五倍以上十倍以下的罚款，广告费用无法计算或者明显偏低的，处一百万元以上二百万元以下的罚款，可以吊销营业执照，并由广告审查机关撤销广告审查批准文件、一年内不受理其广告审查申请”。同时，“关系消费者生命健康的商品或者服务的虚假广告，造成消费者损害的，其广告经营者、广告发布者、广告代言人应当与广告主承担连带责任”。

【律师点评】

虚假广告宣传与违法广告发布属于常见的涉及广告业务类的问题。虚假广告是指广告内容不真实、欺骗消费者，夸大产品功能，吸引消费者购买。尤其保健品冒充药品等，危害较大。对于正常的广告发布需要审批和规范执行，而违法广告发布不规范或未经审批，此外，擅自利用各类渠道发布产品广告，同样属于违法行为，需要面临行政处罚。对于虚假广告欺骗消费者，导致消费者发生伤残病故等严重事件的，可能构成犯罪，需要承担刑事责任。不构成犯罪的，也应当承担民事赔偿责任和行政处罚责任。

第十四章

与企业破产有关的法律常识

企业破产是指企业在生产经营过程中由于经营管理不善，当负债达到或超过所占有的全部资产，不能清偿到期债务，资不抵债的企业行为。作为企业管理者，也应了解与企业破产有关的法律常识。我国破产制度属于特殊规则，是企业被迫强制离开自由市场的一个路径选择。我国有破产法以及相关司法解释，包括公司法等一系列与破产相关的法律法规体系。

一、企业破产的申请

1.申请破产的条件

根据《中华人民共和国企业破产法》（以下简称《企业破产法》）第七条规定，出现图14-1所示的三种情况，可以申请破产。

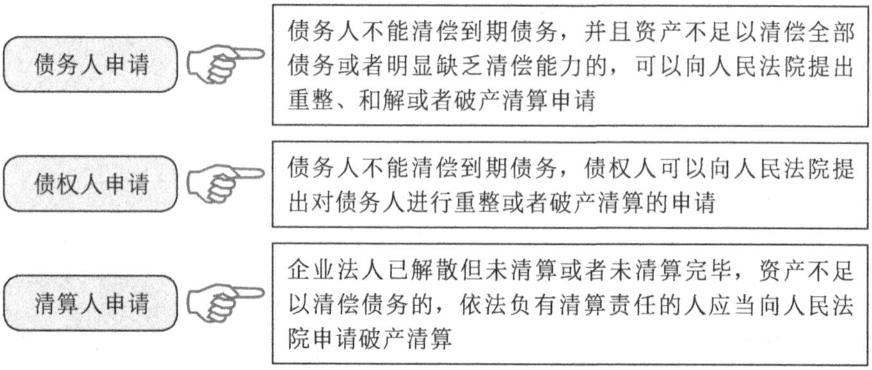

图14-1　可以申请破产的情形

2.申请破产的资料

根据《企业破产法》第八条规定，向人民法院提出破产申请，应当提交破产申请书和有关证据。

破产申请书应当载明图14-2所示的事项。

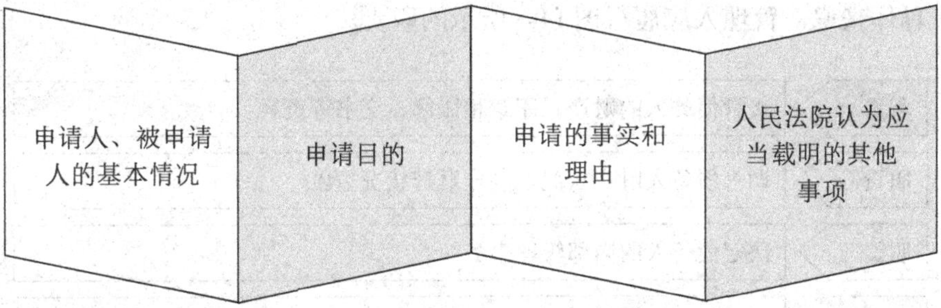

图14-2　破产申请书应载明的事项

债务人提出申请的，还应当向人民法院提交财产状况说明、债务清册、债权清册、有关财务会计报告、职工安置预案以及职工工资的支付和社会保险费用的缴纳情况。

二、破产管理人

破产管理人是指破产案件中，在法院的指挥和监督之下全面接管破产财产并负责对其进行保管、清理、估价、处理和分配的专门机构。

1.管理人的指定

根据《企业破产法》的相关规定，管理人由人民法院指定并向人民法院负责，非经人民法院许可不能辞去职务。管理人可以由有关部门、机构的人员组成的清算组或者依法设立的律师事务所、会计师事务所、破产清算事务所等社会中介机构担任。但是，有下列情形之一的，不得担任管理人：

（1）因故意犯罪受过刑事处罚；

（2）曾被吊销相关专业执业证书；

（3）与本案有利害关系；

（4）人民法院认为不宜担任管理人的其他情形。

2.管理人的职责

管理人接受债权人会议和债权人委员会的监督，列席债权人会议，向债权人会议报告职务执行情况，并回答询问。债权人会议认为管理人不能依法、公正执行职务或者有其他不能胜任职务情形的，可以申请人民法院予以更换。

具体来说，管理人应履行图14-3所示的职责。

职责一	接管债务人的财产、印章和账簿、文书等资料
职责二	调查债务人财产状况，制作财产状况报告
职责三	决定债务人的内部管理事务
职责四	决定债务人的日常开支和其他必要开支
职责五	在第一次债权人会议召开之前，决定继续或者停止债务人的营业
职责六	管理和处分债务人的财产
职责七	代表债务人参加诉讼、仲裁或者其他法律程序
职责八	提议召开债权人会议
职责九	人民法院认为管理人应当履行的其他职责

图14-3 管理人的职责

三、债务人财产

《企业破产法》第三十条规定："破产申请受理时属于债务人的全部财产，以及破产申请受理后至破产程序终结前债务人取得的财产，为债务人财产。"

根据《最高人民法院关于适用〈中华人民共和国企业破产法〉若干问题的规定（二）》第一条的规定，除债务人所有的货币、实物外，债务人依法享有的可以用货币估价并可以依法转让的债权、股权、知识产权、用益物权等财产和财产权益，人民法院均应认定为债务人财产。

具体来说，债务人财产包括以下两大类。

1.破产案件受理时属于债务人的全部财产

破产案件受理时属于债务人的全部财产是指债务人在破产宣告时所有的或者经营管理的全部财产，包括应当由债务人行使的相关财产权利。其主要构成如下。

（1）企业自有的财产。企业自有的财产是指债务人企业所有的资产，包括国有企业经营管理的资产。企业自有的财产主要包括表14-1所示的几个方面。

表14-1 企业自有的财产

序号	财产类别	具体说明
1	企业的固定资产和流动资产	这部分资产指企业现存的所有固定资产和流动资产，包括注册资本、利润，主要包括企业的发行股票或者债券，所筹集到的资金或者由此形成的固定资产等
2	破产企业享有的土地、水流、矿产等自然资源的使用权	包括土地使用权、水面使用权、采矿权
3	设定了担保权益或优先权的财产	具体包括抵押物、留置物、出质物；担保物灭失后产生的保险金、补偿金、赔偿金等代位物以及依照法律规定存在优先权的财产

（2）属于债务人企业的财产权利。债务人财产包括债务人企业所享有的一切财产权利。这种财产权利主要包括表14-2所示的几方面。

表14-2 属于债务人企业的财产权利

序号	财产权利	具体说明
1	应当由债务人企业行使的物权	物权是权利人直接支配物的权利，具有排他性，为典型的财产权利，主要有所有权、经营权、使用权、矿业权、占有权、抵押权、留置权、典权等形式。因这些物权而产生的对他人的物权请求权，当然构成债务人财产
2	应当由债务人企业行使的债权	债权有因合同产生的债权、因侵权行为产生的损害赔偿请求权、不当得利返还请求权、无因管理费用返还请求权等。债务人企业依法取得的对他人债权，是一种积极的财产利益，应属债务人财产
3	应当由债务人企业行使的证券权利	破产宣告前，债务人企业因为票据行为、购买债券、股票等法律行为，取得票据、债券、股票等有价证券，作为上述证券持有人享有的证券所代表的财产权利，构成债务人财产
4	债务人企业享有的所有的知识产权	知识产权是一种智力成果，一般包括工业产权和版权两部分。知识产权主要是指债务人企业在工业产权方面的权利，即专利权、商标权和其他科技成果或专有技术的权利等
5	债务人企业享有的股东出资缴纳请求权	法人被宣告破产时，不论其成员或股东的出资期限是否已到期，凡承诺缴纳出资的法人成员或股东，只要其尚未完全向债务人企业全额缴纳出资的，均应当缴纳；债务人企业同时享有要求缴纳出资的请求权

续表

序号	财产权利	具体说明
6	其他财产权利	凡是债务人企业享有的、可以用财产价值衡量并可以变现为金钱利益的、除上述以外的其他任何财产权利，如债务人企业享有的专有技术、商号等，也应当列入债务人财产。如债务人依照法律规定取得代位求偿权的，依该代位求偿权享有的债权亦属于债务人财产

（3）不属于债务人财产的范围。在认定债务人财产时应注意，下列财产不属于债务人财产：

① 债务人基于仓储、保管、承揽、代销、借用、寄存、租赁等合同或者其他法律关系占有、使用的他人财产；

② 债务人在所有权保留买卖中尚未取得所有权的财产；

③ 所有权专属于国家且不得转让的财产；

④ 其他依照法律、行政法规不属于债务人的财产。

2.在破产宣告后至破产程序终结前债务人所取得的财产

在破产宣告后至破产程序终结前，债务人仍然可以从事某些必要的民事活动，比如决定继续履行破产企业尚未履行的合同等，这就存在着取得财产的可能。在破产案件受理时的债务人财产也存在产生收益的可能，这部分财产应属于债务人财产。在这一时段内取得的财产，既包括实物财产也包括财产权利，主要有以下几种。

（1）因破产企业债务人的清偿和财产持有人的交还而取得的财产。

（2）因未履行合同的继续履行而取得的财产。由于这种合同属于双务合同，破产财产在接受给付时有相应的给付，而且这种给付通常具有等价性质。

（3）破产企业享有的投资权益所产生的收益。

比如，公司股份的年终分红，在合资企业中获得的利润分配。

（4）破产财产所生的孳息（孳息指由原物所产生的额外收益）或转让所得。

比如，房屋出租的收入，银行存款、有价证券带来的收益以及破产财产转让价值超过其账面净值的差额部分。

（5）继续营业的收益。在破产程序中，法院可能裁定准许债务人继续其营业，这时因企业继续经营所获收益属于债务人财产。

（6）基于其他合法原因而取得的财产。它包括：因他人侵犯破产企业权利

（包括无形资产权）而获得的赔偿；债务人因开办人补足注册资金所获得的财产；因债务人财产被错误执行而执行回转的财产等。

四、破产费用与共益债务

1.破产费用

《企业破产法》第四十一条规定，人民法院受理破产申请后发生的下列费用，为破产费用：

（1）破产案件的诉讼费用；

（2）管理、变价和分配债务人财产的费用；

（3）管理人执行职务的费用、报酬和聘用工作人员的费用。

2.共益债务

《企业破产法》第四十二条规定，人民法院受理破产申请后发生的下列债务，为共益债务：

（1）因管理人或者债务人请求对方当事人履行双方均未履行完毕的合同所产生的债务；

（2）债务人财产受无因管理所产生的债务；

（3）因债务人不当得利所产生的债务；

（4）为债务人继续营业而应支付的劳动报酬和社会保险费用以及由此产生的其他债务；

（5）管理人或者相关人员执行职务致人损害所产生的债务；

（6）债务人财产致人损害所产生的债务。

3.清偿能力

《企业破产法》第四十三条规定，破产费用和共益债务由债务人财产随时清偿。

债务人财产不足以清偿所有破产费用和共益债务的，先行清偿破产费用。

债务人财产不足以清偿所有破产费用或者共益债务的，按照比例清偿。

债务人财产不足以清偿破产费用的，管理人应当提请人民法院终结破产程序。人民法院应当自收到请求之日起15日内裁定终结破产程序，并予以公告。

五、债权申报

债权申报是指人民法院审理破产案件时，当受理破产申请后，债权人要申报债权。

1.债权申报的期限

《企业破产法》第四十五条规定："人民法院受理破产申请后，应当确定债权人申报债权的期限。债权申报期限自人民法院发布受理破产申请公告之日起计算，最短不得少于三十日，最长不得超过三个月。"

2.债权申报的要求

根据《企业破产法》的规定，债权人申报债权时，应当按照下列要求进行。

（1）未到期的债权，在破产申请受理时视为到期。附利息的债权自破产申请受理时起停止计息。

（2）附条件、附期限的债权和诉讼、仲裁未决的债权，债权人可以申报。

（3）债务人所欠职工的工资和医疗、伤残补助、抚恤费用，所欠的应当划入职工个人账户的基本养老保险、基本医疗保险费用，以及法律、行政法规规定应当支付给职工的补偿金，不必申报，由管理人调查后列出清单并予以公示。

（4）债权人申报债权时，应当书面说明债权的数额和有无财产担保，并提交有关证据。申报的债权是连带债权的，应当说明。

（5）连带债权人可以由其中一人代表全体连带债权人申报债权，也可以共同申报债权。

（6）债务人的保证人或者其他连带债务人已经代替债务人清偿债务的，以其对债务人的求偿权申报债权。

（7）连带债务人数人被裁定适用本法规定的程序的，其债权人有权就全部债权分别在各破产案件中申报债权。

（8）管理人或者债务人依照本法规定解除合同的，对方当事人以因合同解除所产生的损害赔偿请求权申报债权。

（9）债务人是委托合同的委托人，被裁定适用本法规定的程序，受托人不知该事实，继续处理委托事务的，受托人以由此产生的请求权申报债权。

（10）债务人是票据的出票人，被裁定适用本法规定的程序，该票据的付款人继续付款或者承兑的，付款人以由此产生的请求权申报债权。

六、债权人会议

债权人会议是由所有依法申报债权的债权人组成，以保障债权人共同利益为目的，为实现债权人的破产程序参与权，讨论决定有关破产事宜，表达债权人意志，协调债权人行为的破产议事机构。

1.债权人会议成员的组成

（1）会议成员。根据《企业破产法》第五十九条规定，依法申报债权的债权人为债权人会议的成员，有权参加债权人会议，享有表决权。

但是债权尚未确定的债权人，除人民法院能够为其行使表决权而临时确定债权额的外，不得行使表决权。另外，对债务人的特定财产享有担保权的债权人，未放弃优先受偿权利的，对于和解协议、破产财产的分配方案事项不享有表决权。

债权人可以委托代理人出席债权人会议，行使表决权。代理人出席债权人会议，应当向人民法院或者债权人会议主席提交债权人的授权委托书。

债权人会议应当有债务人的职工和工会的代表参加，对有关事项发表意见。

（2）会议主席。《企业破产法》第六十条规定，债权人会议设主席一人，由人民法院从有表决权的债权人中指定。债权人会议主席主持债权人会议。

2.债权人会议的职权

根据《企业破产法》第六十一条规定，债权人会议行使图14-4所示的职权。

- 核查债权
- 申请人民法院更换管理人，审查管理人的费用和报酬
- 监督管理人
- 选任和更换债权人委员会成员
- 决定继续或者停止债务人的营业

- 通过重整计划
- 通过和解协议
- 通过债务人财产的管理方案
- 通过破产财产的变价方案
- 通过破产财产的分配方案
- 人民法院认为应当由债权人会议行使的其他职权

图14-4 债权人会议的职权

3. 债权人委员会

《企业破产法》第六十七条第一款规定："债权人会议可以决定设立债权人委员会。债权人委员会由债权人会议选任的债权人代表和一名债务人的职工代表或者工会代表组成。债权人委员会成员不得超过九人。"

根据《企业破产法》第六十八条规定，债权人委员会行使图14-5所示的职权。

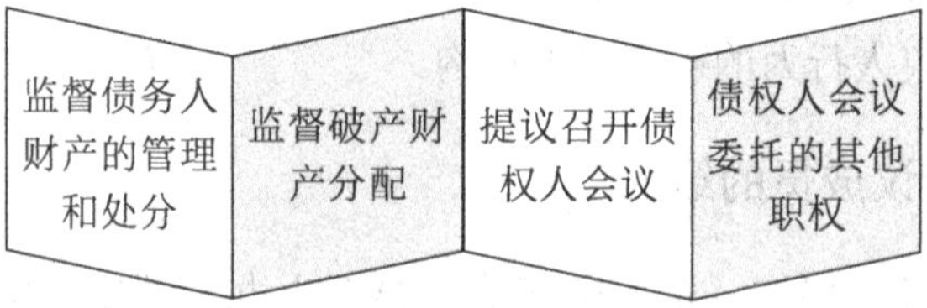

图14-5　债权人委员会的职权

债权人委员会执行职务时，有权要求管理人、债务人的有关人员对其职权范围内的事务作出说明或者提供有关文件。

七、破产重整

重整，指在企业无力偿债的情况下，按照法律规定的程序，保护企业继续营业，实现债务调整和企业整理，使之摆脱困境，"涅槃重生"的再建型债务清理制度。

1. 破产重整的申请人

按照《企业破产法》第七十条规定，可以申请对债务人进行破产重整的包括图14-6所示的三类当事人。

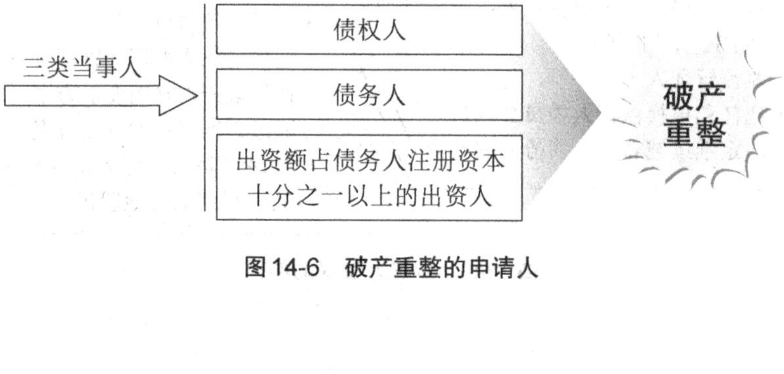

图14-6　破产重整的申请人

《企业破产法》规定，债权人、债务人可以直接向人民法院申请对债务人实施破产重整；如果是债权人申请对债务人实施破产清算，在破产宣告前，债务人或者出资额占债务人注册资本十分之一以上的出资人可以向人民法院申请重整。

2. 重整期间

《企业破产法》第七十二条规定："自人民法院裁定债务人重整之日起至重整程序终止，为重整期间。"

重整期间又被称为重整保护期，依照《企业破产法》的规定，其间对各方当事人的行为要进行一定的限制。

（1）在重整期间，经债务人申请，人民法院批准，债务人可以在管理人的监督下自行管理财产和营业事务。即在重整期间，可以恢复债务人对其财产的管理权。

（2）在重整期间，对债务人的特定财产享有的担保权暂停行使。但是，担保物有损坏或者价值明显减少的可能，足以危害担保权人权利的，担保权人可以向人民法院请求恢复行使担保权。

（3）在重整期间，债务人合法占有的他人财产，该财产的权利人请求取回的，应当符合事先约定的条件。

（4）在重整期间，债务人的出资人不得请求投资收益分配。

（5）在重整期间，债务人的董事、监事、高级管理人员除经人民法院同意，不得向第三人转让其持有的债务人的股权。

3. 重整计划的制作和批准

按照《企业破产法》第八十条规定，重整计划草案由管理人或者债务人制作。重整计划草案应当包括图14-7所示的内容。

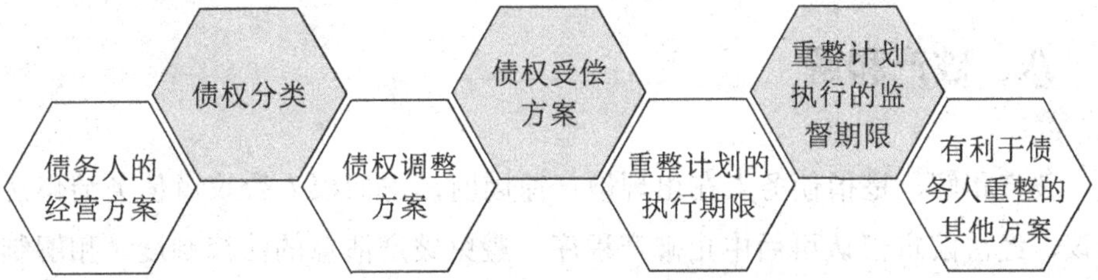

图14-7 重整计划草案的内容

重整计划草案制作完成后，由债权人会议分组进行表决。按照《企业破产法》第八十二条规定，债权人会议应依照以下债权分类分成四个组：

（1）对债务人的特定财产享有担保权的债权；

（2）债务人所欠职工的工资和医疗、伤残补助、抚恤费用，所欠的应当划入职工个人账户的基本养老保险、基本医疗保险费用，以及法律、行政法规规定应当支付给职工的补偿金；

（3）债务人所欠税款；

（4）普通债权。

同时，当重整计划草案涉及出资人权益调整事项的，应当设出资人组，对该事项进行表决。

按照《企业破产法》第八十四条规定，出席会议的同一表决组的债权人过半数同意重整计划草案，并且其所代表的债权额占该组债权总额的三分之二以上的，即为该组通过重整计划草案。各表决组均通过重整计划草案的，重整计划即为通过。重整计划通过后，经人民法院裁定批准后，即行实施。

4.重整失败

按照《企业破产法》第八十八条规定，债务人或者管理人未在法定期间提出重整计划草案、重整期间出现法定事由、重整计划草案未获通过、重整计划未获人民法院批准、债务人不执行或者不能执行重整计划的，为重整失败，人民法院应宣告债务人破产，对其实施破产清算。

5.重整流程

按照《企业破产法》的规定，企业破产重整的流程如图14-8所示。

八、破产和解

破产和解，是指债务人在出现破产原因时，与债权人会议就债务清偿达成协议，经法院审查认可后中止破产程序，避免破产清算的法律制度。和解制度的目的主要在于避免破产发生，给债务人以重整事业的机会。

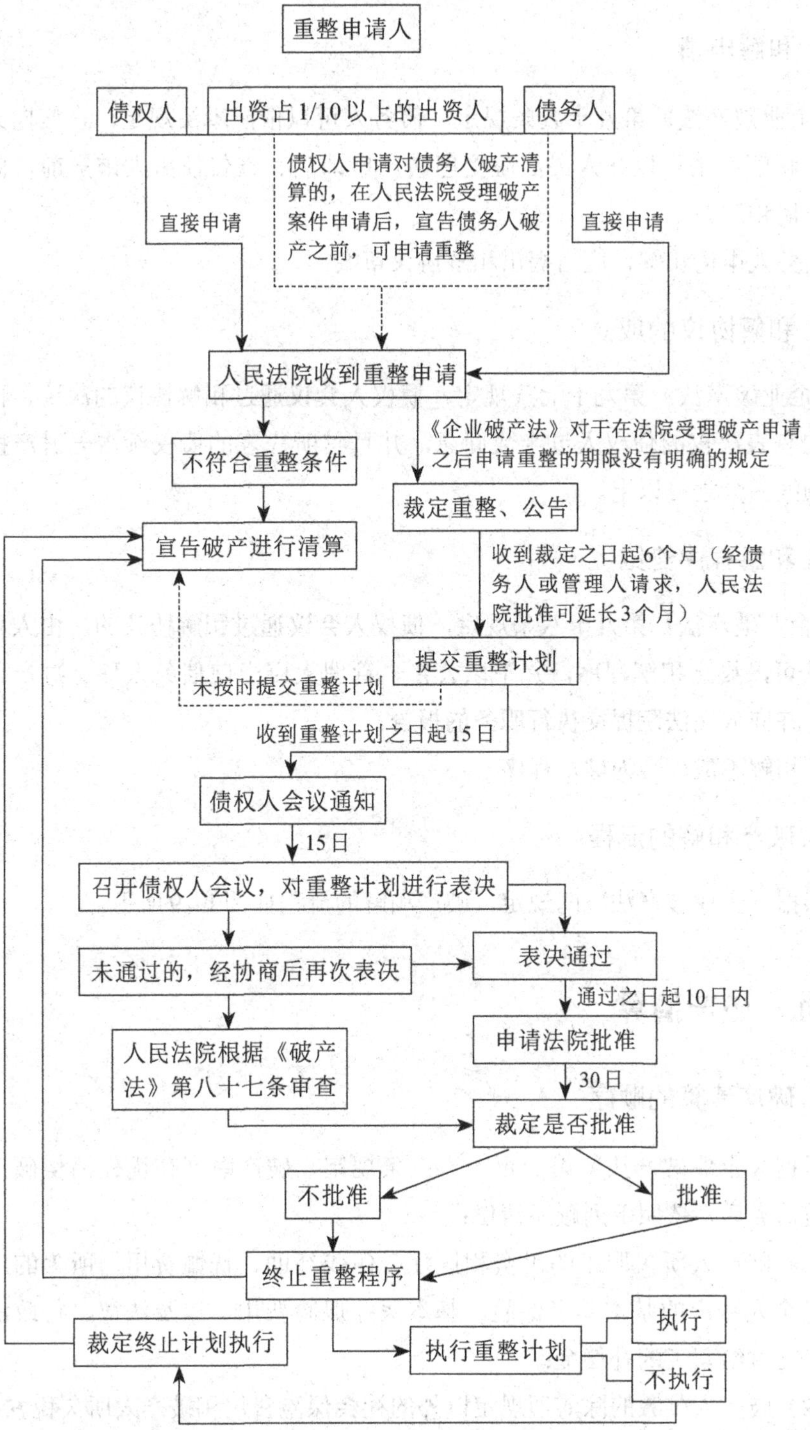

图14-8　企业破产的重整流程

1. 和解申请

《企业破产法》第九十五条规定，债务人可以依照本法规定，直接向人民法院申请和解；也可以在人民法院受理破产申请后、宣告债务人破产前，向人民法院申请和解。

债务人申请和解，应当提出和解协议草案。

2. 和解协议的成立

《企业破产法》第九十七条规定，债权人会议通过和解协议的决议，由出席会议的有表决权的债权人过半数同意，并且其所代表的债权额占无财产担保债权总额的三分之二以上。

3. 和解程序终结

《企业破产法》第九十八条规定，债权人会议通过和解协议的，由人民法院裁定认可，终止和解程序，并予以公告。管理人应当向债务人移交财产和营业事务，并向人民法院提交执行职务的报告。

若和解不成，转为破产程序。

4. 破产和解的流程

根据《企业破产法》的规定，破产和解的流程如图14-9所示。

九、破产清算

1. 破产清算的顺序

根据《企业破产法》第一百一十三条规定，破产财产在优先清偿破产费用和共益债务后，依照下列顺序清偿：

（1）破产人所欠职工的工资和医疗、伤残补助、抚恤费用，所欠的应当划入职工个人账户的基本养老保险、基本医疗保险费用，以及法律、行政法规规定应当支付给职工的补偿金；

（2）破产人欠缴的除前项规定以外的社会保险费用和破产人所欠税款；

（3）普通破产债权。

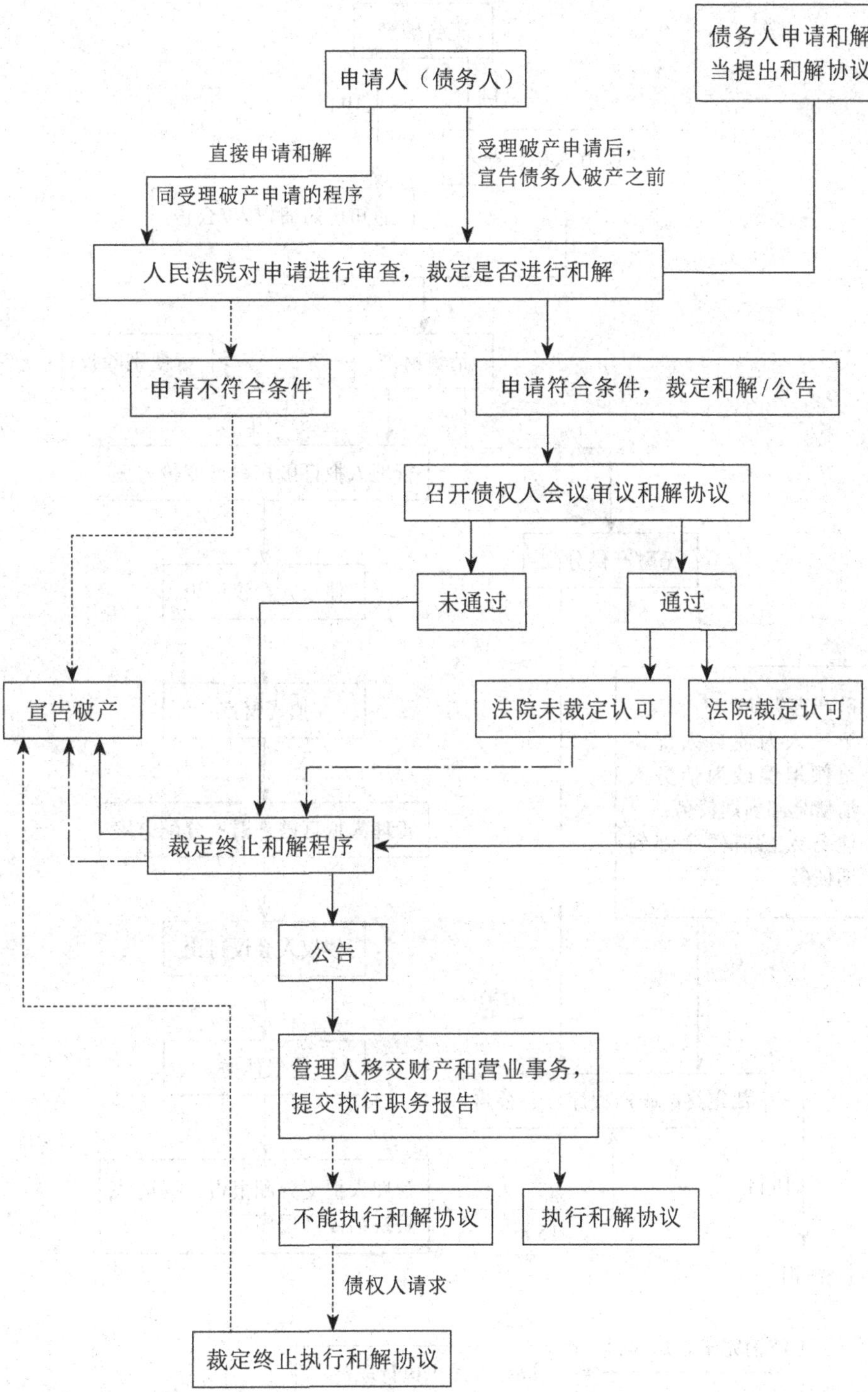

图14-9 破产和解的流程

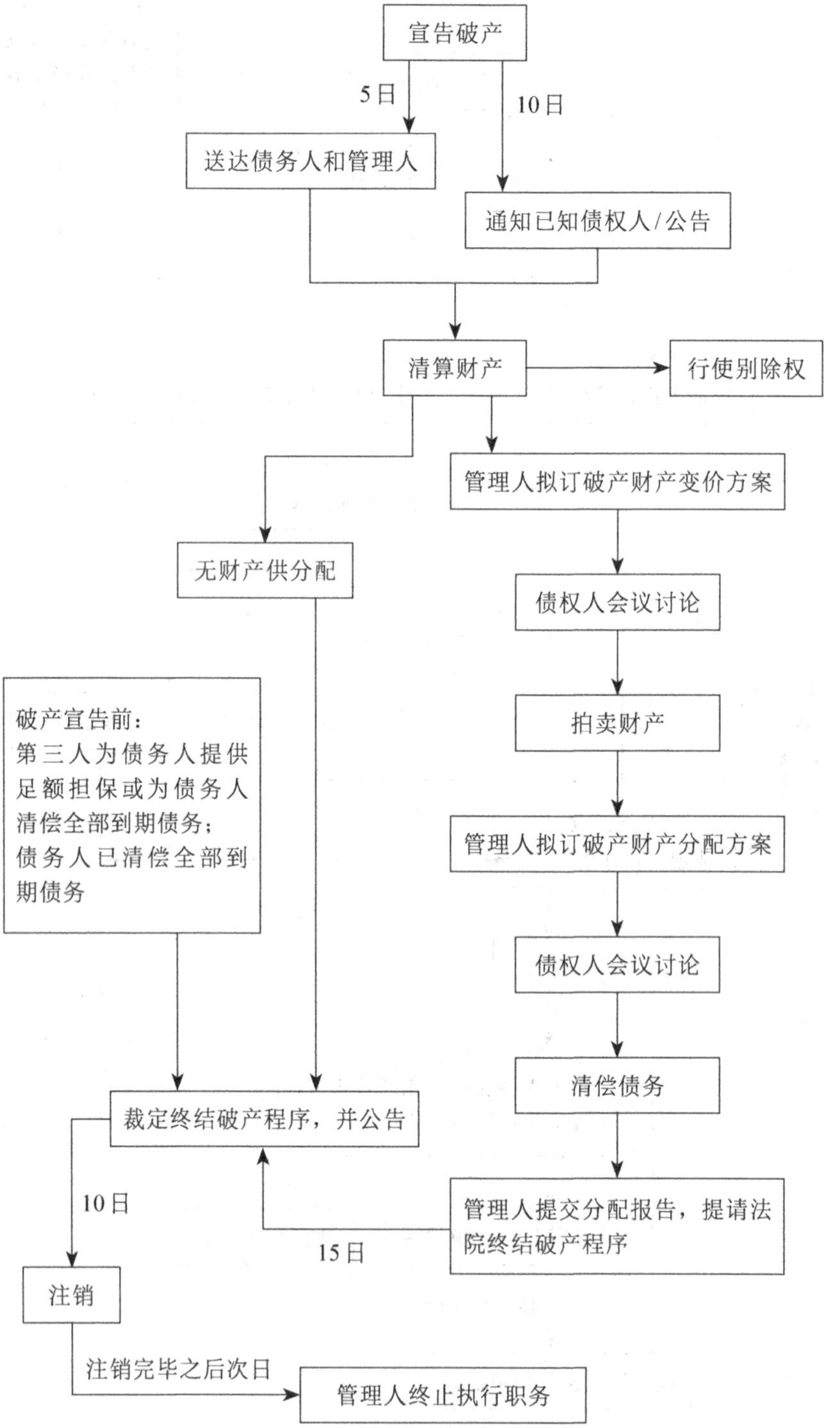

图 14-10　破产清算的流程

2. 破产清算的一般原则

（1）对破产人的特定财产享有担保权的权利人，对该特定财产享有优先受偿的权利；

（2）破产企业可以全部或者部分变价出售，变价出售破产财产应当通过拍卖进行，其中的无形资产和其他财产应单独变价出售；

（3）按照国家规定不能拍卖或者限制转让的财产，应当按照国家规定的方式处理；

（4）破产企业的董事、监事和高级管理人员的工资按照该企业职工的平均工资计算；

（5）破产财产不足以清偿同一顺序的清偿要求的，按照比例分配。

3. 破产清算的流程

根据《企业破产法》的规定，企业破产清算的流程如图14-10所示。

十、企业破产的法律责任

《企业破产法》对企业破产的相关法律责任做了明确的规定，如表14-3所示。

表14-3 企业破产的法律责任

序号	违法行为	法律责任
1	企业董事、监事或者高级管理人员违反忠实义务、勤勉义务，致使所在企业破产的	（1）依法承担民事责任； （2）自破产程序终结之日起三年内不得担任任何企业的董事、监事、高级管理人员
2	有义务列席债权人会议的债务人的有关人员，经人民法院传唤，无正当理由拒不列席债权人会议的	人民法院可以拘传，并依法处以罚款
3	债务人的有关人员违反《企业破产法》规定，拒不陈述、回答，或者作虚假陈述、回答的	人民法院可以依法处以罚款
4	债务人违反《企业破产法》规定，拒不向人民法院提交或者提交不真实的财产状况说明、债务清册、债权清册、有关财务会计报告以及职工工资的支付情况和社会保险费用的缴纳情况的	人民法院可以对直接责任人员依法处以罚款

续表

序号	违法行为	法律责任
5	债务人违反《企业破产法》规定，拒不向管理人移交财产、印章和账簿、文书等资料的，或者伪造、销毁有关财产证据材料而使财产状况不明的	人民法院可以对直接责任人员依法处以罚款
6	债务人有《企业破产法》第三十一条、第三十二条、第三十三条规定的行为，损害债权人利益的	债务人的法定代表人和其他直接责任人员依法承担赔偿责任
7	债务人的有关人员违反《企业破产法》规定，擅自离开住所地的	人民法院可以予以训诫、拘留，可以依法并处罚款
8	管理人未依照《企业破产法》规定勤勉尽责，忠实执行职务的	人民法院可以依法处以罚款
9	管理人未依照《企业破产法》规定勤勉尽责，忠实执行职务，给债权人、债务人或者第三人造成损失的	依法承担赔偿责任
10	违反《企业破产法》规定，构成犯罪的	依法追究刑事责任

律师说法

【案例背景】

长××股份有限公司（以下简称长××）系上市公司，是长江及沿海干散货航运的主要企业之一。自2008年全球金融危机以来，受财务费用负担沉重、航运运价长期低迷等因素影响，长××经营逐步陷入困境。截至2013年6月30日，长××合并报表项下的负债总额合计达58.6亿元，净资产为-9.2亿元，已严重资不抵债。经债权人申请，湖北省武汉市中级人民法院（以下简称武汉中院）于2013年11月26日依法裁定受理长××重整一案，并指定破产管理人。因连续三年亏损，长××股票于2014年5月16日起暂停上市。

在武汉中院的监督指导下，管理人以市场化的重组方式为基础，制定了重整计划草案，获得了债权人会议及出资人会议表决通过。由于无外部重组方参与长××破产重整，如何通过长××自身筹集足够资产以提高普通债权清偿比例，以促使普通债权人支持重整是重整工作有序推进的重点。为解决偿债资金筹集的问题，经过武汉中院与管理人多番论证，最终制定了公司账面的货币资金、处置剥离亏损资产的变现资金以及追收的应收款项、出资人权益调整方案以及股票公开竞价处置等多种渠道的资金筹集方案。实践证明，上述资金筹集方案具有可行性。通过资产公开处置、出资人权益调整以及股票公开竞价处置，长××不但清偿了重整中的全部债务，同时，由于股票公开竞价处置产生溢价，公司在重整程序中依法获得了约7000万元的资金用于补充公司现金流。

2014年3月18日，武汉中院裁定批准了重整计划并终止重整程序。通过成功实施重整计划，在无国有资产注入及外部重组方资金支持的情况下，长××2014年底实现净资产约1.2亿元、营业利润约2.24亿元，成功扭转亏损，股票于2015年12月18日恢复上市。

【案例分析】

长××重整案是以市场化方式化解债务危机的典型案例。借助破产重整程序，长××摆脱了以往依赖国有股东财务资助、以“堵窟窿”的方式挽救困境企业的传统做法，以市场化方式成功剥离亏损资产、调整了自身资产和业务结构、优化了商业模式，全面实施了以去杠杆为目标的债务重组，最终从根本上改善了公司的资产及负债结构，增强了持续经营及盈利能力，彻底摆脱了经营及债务困境。

【律师点评】

企业破产、企业破产重整是最近几年常见的新闻话题和社会热点。因为无论大型企业还是中小型企业，甚至自然人，越来越多出现了破产或破产重整的现象。例如著名的海航集团、北大方正集团、清华紫光集团，一些企业均出现了破产或破产重整问题。在作为改革开放试验田的深圳市，甚至出现了自然人申请破产的案例。破产和破产重整是国家法律给予破产人一次从头再来的机会。通过破产彻底终结企业过去所有的债权债务和信用惩戒，给实际股东和实际控制人、主要负责人一次新的生活创业的机会。而破产重整则是通过司法参与主导控制下的债务重整，给予企业重新焕发生机与活力的一次救济机会。对于自然人而言，希望终结之前的负债和信用惩戒，让其在未来重新回归社会。破产或破产重整不能成为逃废债务的途径。企图以逃废债务目的实现破产或破产重整将涉及虚假诉讼，非法转移、隐匿资产，虚构债务等违法犯罪行为，将受到国家法律严惩。

第十五章

企业法律风险防范

一家企业，不论是在成立之初，还是在经营过程中，随时都面临着风险，但是只要在法律允许的范围内进行合理的风险规避，还是可以将风险降到最低。作为企业管理人员，应全方位地了解企业经营中的各种法律风险及其防范措施。企业的法律风险、经营风险目前已经上升到企业合规体系建设的新高度，应当引起各类企业高度重视。

一、高层管理人员法律风险防范

企业发展的核心就是它的管理体系和卓有成效的效能制度，而这一切的指导者和决策者就是该公司、企业的高层管理人员。因此，对于高层管理人员来说，可从图15-1所示的几个方面来正确地防范法律风险。

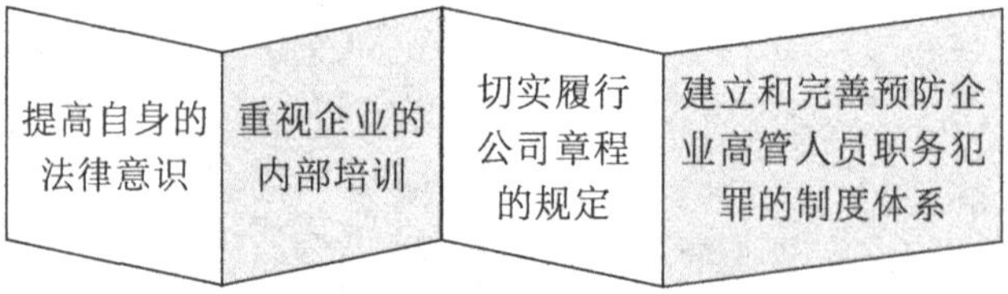

图15-1　高管法律风险防范措施

1.提高自身的法律意识

中国的法制建设正在逐步完善，公司、企业的高层管理人员法律意识相对较低，因此在公司、企业经营管理中很难在法制的范围内、用法律的思维来作出判断和决策，对可能发生的法律风险普遍认识不足。

对于公司、企业高层管理人员来说，需要知道哪些问题、哪种情形可能涉及法律问题并掌握与其有关的法律规定，应当懂得一些基本的法律概念、诉讼时效等相关法律知识，而这些概念往往又与企业经营和个人生活中的许多问题密切相关。因此，作为一名合格的公司、企业高层管理人员不能忽视对相关法律概念等知识的学习。如果连一些基本的法律概念都不懂，公司、企业高层管理人员又怎么能够在企业决策中把握好并运用自如呢？

2.重视企业的内部培训

公司、企业高层管理人员不仅要聘请专业的法务人员为他们提供适合他们领域的、全面的法律培训，而且还要对公司、企业的员工进行必要的法律培训。尤其是上市的公司、企业，高层管理人员更必须受到全面的、专业的法律培训。

近几年来，有关公司、企业高层管理人员出现各类刑事犯罪或经济犯罪等其他相关的法律风险的报道屡见不鲜。因此，作为公司、企业高层管理人员应该认真总结那些触犯法律的高层管理人员的经验和教训，时刻提醒自己，让警钟长鸣，让自己和所服务的公司、企业始终走在法律的轨道上。

越是成功的企业管理者，越应当在自己的身边有意识地“引入”一些法律专业人士，作为常年法律顾问或者是专项法律顾问，随时倾听他们的专业意见，使自己的行为不至于违法、违规，确保公司、企业始终走在合法合规的轨道上。

3.切实履行公司章程的规定

公司、企业高层管理人员要认真学习《公司法》及其配套法律法规，吃透公司章程的具体规定，对自己的应尽的义务和责任要进行全面的学习和深入的了解。同时在日常工作中，必须严格依照《公司法》《公司章程》及各项法律法规的规定行事，切勿违法违规。

4.建立和完善预防企业高管人员职务犯罪的制度体系

首先，进行体制机制改革创新，实现权力集中与分解的合理平衡，形成良性权力运行机制。

其次，建立重大事项报告制度和集体研究决定制度。任何单位或企业的重大事项都要向上一级组织和领导及时报告，自觉接受上级组织和领导的监督检查。

最后，建立公开透明的制度。对企业高管人员的监督，最为有效的方式就是让其行为特别是权力运作的过程、结果在一定范围内进行公开，避免暗箱操作，接受公众的监督。

二、企业成立的法律风险防范

企业成立的标志是工商部门颁发营业执照。营业执照颁发，企业成立。现实中，大部分企业投资者仅仅重视企业设立的结果，不重视企业设立过程中存在的法律风险，从而导致企业不能如期成立或企业成立后出现大量纠纷。对此，投资者可从以下几个方面来防范企业成立的法律风险。

1.关于企业组织形态的法律风险

不同类型的企业，其企业性质、地位、责任承担和法律风险不同。表15-1所示的是不同企业组织形态的对比。

表 15-1　不同企业组织形态的对比

企业类型	设立人数要求	税赋缴纳要求	法律责任
个人独资企业	一个自然人	只缴纳个人所得税	原则上以个人财产对企业债务承担无限责任
普通合伙企业	（1）有两个以上合伙人； （2）合伙人为自然人的，应当具有完全民事行为能力	只缴纳个人所得税	以自己的财产或者家庭的财产对普通合伙企业债务承担无限连带责任
有限合伙企业	（1）二个以上五十个以下合伙人； （2）至少应当有一个普通合伙人	只缴纳个人所得税	（1）普通合伙人对合伙企业债务承担无限连带责任； （2）有限合伙人以其认缴的出资额为限对合伙企业债务承担责任
一人有限责任公司	只有一个自然人或者一个法人股东	缴纳个人所得税和企业所得税	股东不能证明公司财产独立于股东自己的财产的，应当对公司债务承担连带责任
有限责任公司	股东人数要求一人以上五十人以下	缴纳个人所得税和企业所得税	（1）股东以其认缴的出资额为限对公司承担责任； （2）公司以其全部财产对公司的债务承担无限责任

续表

企业类型	设立人数要求	税赋缴纳要求	法律责任
股份有限公司	有二人以上二百人以下为发起人，其中须有半数以上的发起人在中国境内有住所	缴纳个人所得税和企业所得税	（1）股东以其认购的股份为限对公司承担责任； （2）公司以其全部财产对公司的债务承担无限责任

因此，投资者拟设立企业时首先要对涉及企业类型相关法律规定有一定了解，再结合出资人的出资目的、经营预期及管理能力等因素，选择适当的企业类型，避免因选择企业类型不适当，导致企业设立申请无法获批，造成企业设立成本增加。具体来说，在企业组织形态选择中的风险防范措施主要有图15-2所示的几种。

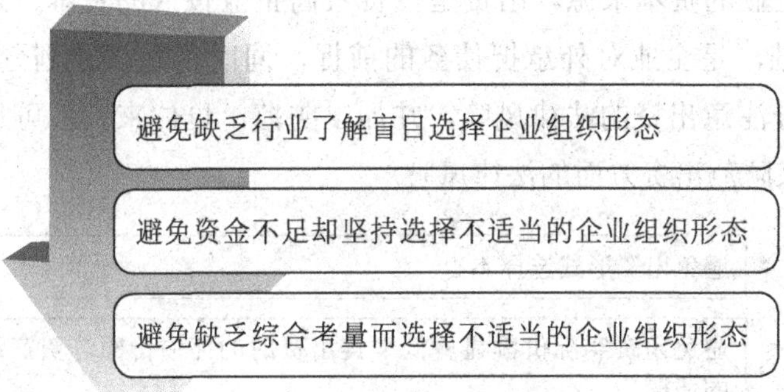

图15-2　组织形态选择的风险防范措施

（1）避免缺乏行业了解盲目选择企业组织形态。如果投资者违反法律法规的强制性规定，选择不适当的企业组织形态，可能导致企业设立申请无法获批，造成企业设立成本的增加。为此，投资者应对涉及企业组织形态的相关知识点进行深入了解，特别是对特定产业、行业领域的相关知识要做细致、全面的了解，以便在选择企业组织形式时，严格遵守法律法规政策，确保企业形式与法律法规政策相符合。

（2）避免资金不足却坚持选择不适当的企业组织形态。发起人在资金不足的情况下如果采取违法手段追求较高的组织形态，则面临需要发起人补足出资，缴纳罚款，以及承担虚假出资、虚报注册资本、抽逃出资的行政和刑事责任风险；同时公司可能面临罚款、撤销登记或吊销营业执照的风险。因此，投资者应依照法律法规的规定履行出资义务，切忌拖延出资、虚假出资、虚报注册资本、抽逃出资等。可根据资金情况，用变通的形式暂时开展业务，等资金条件成熟时再进行注册变更。

（3）避免缺乏综合考量而选择不适当的企业组织形态。如果对出资人责任大小、税负、企业组织正式化程度、存续期限、运营成本、股东对企业财产的控制权、股份权益转移自由度等因素缺乏综合考量，容易导致选择不适合企业组织经营发展和发起人利益的企业形态。因此，投资者应充分考量发起人的条件及资格，选择合适的企业组织形态；综合考量出资人的出资目的、经营预期和管理能力等因素，以选择适当的企业组织形态。

2.关于企业出资的法律风险

出资是企业的资本来源，出资是投资者向企业投入的资本，是企业赖以生存的物质基础，是企业对外承担债务的前提，同时也是权益划分的依据来源。投资者应充分注意出资的法律风险，并加以防范。具体来说，可从图15-3所示的几个方面来防范出资方面的法律风险。

措施一	避免出资形式选择不当
措施二	避免出资实际价额显著低于其出资时的评估价额等资产评估不实的情形
措施三	避免虚假出资
措施四	避免以股权、债权出资的法律风险

图15-3　防范出资法律风险的措施

（1）避免出资形式选择不当。企业类型不同，其出资方式要求及法律规定也不同，如表15-2所示。

表15-2　不同企业类型的出资方式

序号	企业类型	出资方式
1	普通合伙企业	合伙人可以用货币、实物、知识产权、土地使用权或者其他财产权利出资，也可以用劳务出资
2	有限合伙企业	有限合伙人可以用货币、实物、知识产权、土地使用权或者其他财产权利作价出资。有限合伙人不得以劳务出资

续表

序号	企业类型	出资方式
3	有限责任公司	（1）股东可以用货币出资，也可以用实物、知识产权、土地使用权等可以用货币估价并可以依法转让的非货币财产作价出资； （2）股东不能用劳务、信用、自然人姓名、商誉、特许经营权和设定担保的财产出资
4	股份有限公司	（1）发起人的出资方式要求与有限责任公司股东出资方式一致； （2）以募集设立方式设立股份有限公司的，发起人认购的股份不得少于公司股份总数的35%

出资形式选择不当，将导致企业的设立申请不被受理和批准、出资协议无效、向其他债权人承担无限清偿责任或有限补充清偿责任的法律后果。投资者可在出资前对关于公司设立的法律规定进行全面的了解，或者借助专业机构的帮助，对出资资产进行严格的审核。现金出资要注意资金来源是否合法；外币出资还要注意汇率折算；房屋、土地使用权等非货币的出资，要注意及时办理产权转移手续。

（2）避免出资实际价额显著低于其出资时的评估价额等资产评估不实的情形。出资实际价额显著低于其出资时的评估价额，可能导致评估结果不被有关机关认可，延误企业设立或者最终使企业不能设立等法律风险。投资者可聘请有资质的机构进行评估，签署有效的作价认可协议。对于投资者而言，在资本认缴制度下，没有必要夸大注册资本，合理控制注册资本数额，减少股东应出资本对企业产生的负债。在确定注册资本数额时，要考虑企业发展的实际需要、企业未来为取得某项资质可能需要的注册资本，以及企业与投资者的税务筹划，既不可盲目求大，也不可过于贪小。

（3）避免虚假出资。虚假出资的法律后果是，虚假出资人要为自己的虚假行为向其他出资人承担违约赔偿责任、向公司承担补缴出资责任及赔偿责任、向公司债权人承担无限清偿责任或有限补充清偿责任等。因此，投资者应严格遵守验资制度，在公司成立后，要设立专门的账户保障公司资金的安全，并且严格监督资金的流向，防止股东抽逃资金；通过审计确定是否抽逃出资。审计由专业机构和专业人员审查，并由其签名和盖章；建立严格的公司内部管理制度。

（4）避免以股权、债权出资的法律风险。出资人单纯以其对第三人的债权出资、以对公司的债权出资、用限制的股权出资，容易导致出资无效、债权到期后无法实现、债权价值不合理估算等风险。

第一种情形，对于出资人以股权出资的，应确保以下事项：

① 出资的股权由出资人合法持有并依法可以转让；

② 出资的股权无权利瑕疵或者权利负担；

③ 出资人已履行关于股权转让的法定手续；

④ 出资的股权已依法进行了价值评估。

第二种情形，对于出资人以债权出资的，在法律没有明确规定前，应尽量避免用于新设立的公司。

第三种情形，对于出资人债转股增资的，确保债权应当符合下列情形之一：

① 债权人已经履行债权对应的合同义务，且不违反法律、行政法规、国务院决定或者公司章程的禁止性规定；

② 经人民法院生效裁判文书或者仲裁机构裁决确认；

③ 公司破产重整或者和解期间，列入经人民法院批准的重整计划或者裁定认可的和解协议。

此外，如有可能，要求第三人提供担保。

3. 关于法定代表人

通常而言，法定代表人根据法律、法规和公司章程的规定，以企业名义所从事的行为，即视为企业行为，由企业承担相应法律后果。在某些特殊情况下，由于法定代表人的特殊身份和职责，在一定条件下，可能会就企业的行为承担相应的民事、行政或刑事责任，而这种情况往往是法定代表人违反法律、法规和公司章程规定而产生的。但无论是法定代表人本人还是企业均应对法定代表人的法律风险防范有所了解。

（1）避免法定代表人与法人或法人代表发生概念性混淆。法定代表人是指依法律或法人章程规定代表法人行使职权的负责人。我国法律规定了单一的法定代表人制，一般认为法人的正职行政负责人为其唯一法定代表人。

企业法人是指具有民事权利能力和民事行为能力，依法独立享有民事权利和承担民事义务的企业本身。法人代表是指根据法人的内部规定，担任某一职务或由法定代表人指派代表法人对外依法行使民事权利义务的人。作为民事权利主体的法人，其法人代表可以有多个，但均需经法定代表人的授权而产生。

（2）避免轻易挂名法定代表人。实践中，企业出于种种原因，有的股东或投资人并不愿出任法定代表人，而是以他人的名义担任企业法定代表人。

对于企业，一旦挂名法定代表人与实际股东或投资人发生矛盾或争议，整个企业将处于难以控制的风险之中。由于只需签名即发生法律效力，该挂名法定代表人直接以企业名义对外举债或进行担保的后果，将全部由企业承担。

对于挂名者，如果实际控制人操纵企业时存在虚假或抽逃出资等行为，或者在诉讼过程中有隐匿、转移资产等违法行为，公司的法定代表人都要面临承担相应的民事赔偿责任的法律后果。

因此，股东或投资人借助他人担任法定代表人必须慎重，个人也不要轻易担任他人企业的挂名法定代表人。

（3）避免法定代表人的越权代表行为。除了法律有强制性规定或者第三人知道外，法定代表人以企业名义作出的代表人行为对企业具有法定约束力，企业必须承担该越权行为带来的不利风险及法律后果。因此，应强化企业财务负责人对法定代表人的制衡机制，保证财务负责人能事先制止法定代表人超越内部权力机制以企业名义作出的代表行为；实行企业印章分类管理机制，企业印章保管和使用分离，通过印章保管人对印章使用人的监督确保以企业名义作出的行为符合公司利益。

4.关于企业注册

在企业注册过程中，应注意以下几个容易被忽略、不被重视，但在现实中往往会引起纠纷或给投资者带来意料之外的法律风险的地方。

（1）避免注册地与经营地不一致。实践中，企业出于经营成本或税收政策的考虑，企业注册地和实际经营地往往不一致，这也容易滋生法律风险，如容易出现债权债务履行地点不明确，遇诉讼事项时，可能涉及管辖法院、法律文书送达等问题。对此，应变更工商登记，将企业注册地址变更为经营所在地；设立分公司，即在经营所在地以外设立分公司；如涉及税收优惠，流转税可以在经营地缴纳，也可以由总公司汇算清缴，所得税由总公司汇算清缴；注册地址应有文书信函联络人，签收文书信函能够及时转发至企业经营所在地。

（2）避免超经营范围经营。企业超经营范围经营，轻则面临罚款的行政处罚，重则将被吊销营业执照，失去经营资格，涉及合同的，也可能导致合同无效，无法得到法律保护。每个企业都需要根据其业务来确认其经营范围。确定企业的经营范围时有图15-4所示的几点需要注意。

1 在确定经营范围时，不仅要考虑目前的业务与经营活动，也要考虑近期有计划开展或从事的业务与经营活动

2 不仅要考虑实际从事的业务与经营活动，还要考虑与该实际业务与经营活动相关的或周边的业务与经营活动

3 关于业务经营范围的具体描述，工商登记部门有专门的规范用语，不能随意编写

图 15-4 确定企业经营范围的注意事项

（3）避免出现因企业设立不能时而产生的各类债务及责任。由于企业资本没有筹足、未能达到我国法律规定的成立要件、发起人未按期召开设立大会、创立大会作出不设立公司的决议等各种原因，企业的设立申请没有被审核批准。这种情况下，企业发起人要对企业设立行为所产生的债务和费用、应返还认股人的股款及同期利息、过失致企业利益损害等承担连带责任。发起人在签订设立协议的过程中，要尽量完善相关条款，提前做好各项防范。

三、企业治理的法律风险防范

企业的治理结构是一种指导和控制企业的体系，企业治理结构明确了企业的不同参与者之间的权利义务分配。投资者投资成立企业，目的是取得投资收益，就企业治理而言，应注意防范以下法律风险。

1. 关于企业设立协议和章程的制定

企业治理结构设计直接关系到企业成立后运营过程中各股东方权利与利益的平衡以及企业利益的维护，因此，需要各投资者在企业设立之前，对企业治理结构予以足够关注，并在企业章程中予以确定，以防范其法律风险，其中最为重要的就是企业设立协议及企业章程。

（1）避免企业设立协议缺失。由于出资人之间缺少设立协议的约束，当出资活动出现与出资人预期相悖的情况时，纠纷和诉讼的可能性增加，而且各种不确定的法律风险将一直持续于股东之间。出资人应坚持签署书面的投资协

议，并约定完备的投资协议内容；对小股东而言，还应考虑监督和制衡的特别约定，如约定某股东对公司高管人的提议权，由小股东举荐的人担任财务总监或董事会秘书，这样不但可以清楚企业各项运转情况，而且可以进行最直接有效的制衡。

（2）避免轻视企业章程。很多投资者认为企业章程就是工商局注册公司要求提供的文件，很多企业章程简单照搬《公司法》的规定或者照搬其他企业的章程，导致章程可操作性弱，发生相关内部纠纷时，章程不能发挥作用。因此，企业应严格按照自身的需要设置企业章程，尽量做到图15-5所示的几点。

1 无违反法律强制性规范的内容

2 企业管理事项有明晰、可操作的规范

3 对股东、董事、监事、经理等的权利义务有明确规定

图15-5　设立企业章程的要点

另外，小股东应该利用企业章程确保自己的权益不被侵犯。

（3）避免设立协议与章程规定不一致。设立协议与章程规定不一致时，可能导致相关内容没有约束力。设立协议和章程各有不同的约束力，如只涉及当事人间的问题，通过协议约束解决；如只涉及企业事项，可通过章程来约束；既涉及当事人间的问题，又与企业运行有关，最好是协议及章程都作规定。

小提示

协议和章程对同一问题规定的侧重点可以有所区别，协议可对违约救济作出明确的规定，而章程可侧重于操作程序。

（4）避免随意修改企业章程。修改企业章程应严格依照法定要求执行，具体如图15-6所示。

对控股股东或大股东而言，修改企业章程具有绝对的优势，没有必要因为程序不合法导致新修改的章程无效或被撤销。

- 要求一：提出章程修改草案
- 要求二：股东会对拟修改条款进行表决
- 要求三：拟修改内容涉及需要审批事项时，报政府主管机关批准
- 要求四：拟修改内容涉及需要登记事项的，报企业登记机关核准；未涉及登记事项的，送企业登记机关备案
- 要求五：拟修改内容需要公告的，依法公告

图15-6　修改企业章程的要求

2.关于股东（大）会、董事会及监事会的设置

所有者、经营者和监督者之间通过股东大会（权力机关）、董事会（决策和执行机关）、监事会（监督机关）形成权责明确、相互制约、协调运转和科学决策的企业治理结构。目前，治理结构没有一个优良的标准，在《公司法》的背景下，应注意防范下列法律风险。

（1）避免股东会、董事会僵局。比如股权设置畸形、企业章程中设置了过高的表决比例要求，导致股东会无法形成决议，从而形成股东会僵局，最终导致企业无法正常运转。

应充分利用企业章程，设立避免股东会或董事会僵局的机制以及出现僵局后的解决机制。

（2）避免会议召开瑕疵。会议通知方式、程序、内容不当或出席人数比例不当等原因，导致会议召开不能或无效，致使股东的权益可能受到损害。企业应充分发挥章程的“自治”作用。在章程里规定会议通知的主体、方式、内容等；为了确保会议的决策符合大多数股东的利益，同时防止因人数不足导致会议无法召开，以及若干会议同时召开等情况的发生，应在章程中规定会议最少出席人数，以及人数不足时的补救方法。

（3）避免会议决议瑕疵。无法形成决议、形成决议的程序不合法、决议形式不合法等可能导致决议无效、不成立或被撤销。股东会企业章程应详细规定表决时间、表决方式、表决标准（按人还是按资）、未按规定表决的法律后果等。此外，对在瑕疵出现后如何补救的问题，应有所了解，如：通知程序上的

瑕疵，可通过事后取得该部分股东的同意予以补救；会议召集程序存在瑕疵，可因全体应到会成员出席而予以补救；通过章程的法定修改方式弥补之前决议违反章程的瑕疵等。

（4）避免股东权益受损。控股股东利用控股地位，滥用权力，藐视中小股东，损害小股东利益，或以自己的意志取代公司的意志，拒绝为中小股东分配利润，导致公司陷入僵局，或被小股东诉请司法解散。股东应充分利用章程“自治”原则，如规定当控股股东侵害公司利益时，赋予任一股东直接代为提起赔偿诉讼的权利，或赋予异议股东回购请求权等。

（5）避免董事履行职务瑕疵。董事违反忠实义务，利用职务上的优势和信息获取优势或其他优势地位，为自身谋利，损害其他股东或公司利益，这是一种违法行为，容易引起其他股东猜忌从而影响公司发展。企业应对董事的此种行为采取事先和事后两种救济方式：一是在违法行为发生前行使阻却请求权；二是行为发生后要求公司对董事提起诉讼或股东直接提起诉讼，请求赔偿公司损失。

（6）避免监事会无法履行监督职能。监事会成员达不到法定人数或董事、高级管理人员兼任监事，使监事会决议归于无效。建议严格筛查拟任职人员，确保符合条件的人员被纳入监事会。

四、企业税务风险防范

企业想要实现自身可持续发展，必然要加强财务管理，将税务风险的识别、分析和防范作为财务管理中的重要内容，作为企业管理者，应当高度重视这方面的工作。具体防范措施如图15-7所示。

1.建立全环节防范税务风险的意识

企业的采购环节、运营环节、销售环节，包括资金运作的投资、筹资、融资等环节都会产生税务风险，因此企业管理者应当高度重视税务风险并应具备一定的财务税收知识，倡导企业全体员工树立风险防范的意识，加强各个部门之间的协作，防范和控制税务风险。

另外，企业的监管层，如监察审计部门应当定期对企业的业务流程和账务进行监督审查。

- 建立全环节防范税务风险的意识
- 加强税务培训，培养专业人才
- 及时获取税收政策法规信息，建立良好的税企关系
- 加强合同管理，防范和化解税务风险
- 有效识别税务风险
- 提高税务筹划意识

图15-7　企业税务风险防范措施

2. 加强税务培训，培养专业人才

对于规模较大的企业，应当设立专职税务岗位，对于规模一般的企业，也应当培养具备税务专业知识的人员。税务筹划虽然只是财务管理的一个方面，但却与普通的财务管理工作不同，需要财务人员加强自我学习，一方面全体财务人员应定期参加税务培训，并定期对学习成果进行考核；另一方面财务人员也应当加强与相关部门的沟通和交流，获得部门间的理解和支持，在业务流程的每个环节控制税收风险点。此外，有必要时，企业应当寻求税务师事务所团队的帮助，聘请税务顾问或税务代理，对企业的涉税事项进行咨询。

3. 及时获取税收政策法规信息，建立良好的税企关系

一方面，企业财务人员应当及时关注国家税务总局的网站和当地国税和地税网站，了解最新的税收政策法规，并分析政策法规的变化对企业经营和税收的影响；另一方面，企业财务人员应当和当地税局建立良好的税务关系，对于不理解的税收事项及时与专管员沟通。

4. 加强合同管理，防范和化解税务风险

首先，企业应当规范合同业务流程，保证合同条款清晰明确，不存在歧义，并让财务人员审核与财务相关的合同条款，及时发现合同中存在的税收隐患。在实务中不同的合同签订方案将影响税收的大小，企业财务人员应尽可能评估

不同方案的税务风险和税收金额，争取企业利益最大化。

其次，企业财务人员在付款和进行账务处理时，务必要查看合同，依据合同付款和开具发票，制作合同台账，随时掌握合同的资金支付状况。

再次，签订合同的时候尽量按税种的性质分类，不能混淆。

比如：企业签订软件销售合同时包含了软件维护服务，如果企业签订的是总金额，则应当按照合同总金额的13%来缴纳增值税；如果企业在合同中分软件销售金额和软件维护服务金额，则软件销售按照13%缴纳增值税，软件维护服务按照6%缴纳增值税。

5.有效识别税务风险

财务人员及业务部门应当根据企业发生的业务，逐一排查可能出现的税务风险，具体包括如下内容。

（1）定期检查账务，查看是否存在账务错误引起的税收错报、漏报；是否存在应纳税而未纳税的情形；对公司往来定期清理，对长期挂账而不用支付的往来款项应确认为收入。

（2）定期检查合同，确认印花税是否缴纳；复核已支付的款项是否和合同条款相符。

（3）定期检查员工的工资构成，查看是否存在未上税的职工薪酬，比如是否存在单独发给职工的奖金未和工资合并纳税的情形等。

（4）定期检查增值税销售税额和进项税额，查看抵扣联是否在规定时间内认证。

（5）合理设计费用类明细科目，以便于企业所得税汇算清缴的梳理，对企业发生的业务招待费、广宣费等限额扣除项目应提前筹划，合理预算。

6.提高税务筹划意识

企业管理者应该培养税务筹划意识，及时关注并组织学习新的税收政策，对公司当前的业务和可能发生的业务分税种进行税务筹划。

比如，增值税的税务筹划需要从整体的业务流程来考虑，从税收成本的角度考虑企业是当一般纳税人还是小规模纳税人，如果企业选择为一般纳税人，在确定供应商的时候应保证整个抵扣链条完整。

五、企业劳动关系法律风险防范

随着《劳动合同法》等一系列与劳动用工相关的法律法规措施的出台和实施，劳动用工关系向法治化、规范化的轨道发展，与此同时对企业劳动用工方面提出了更高的要求，企业劳动用工中所面临的法律风险因素也大幅增加。因此，企业管理者必须进一步增强劳动用工的法律风险防范意识，在劳动用工管理中做到规范化。具体措施如图15-8所示。

1 增强劳动用工风险意识

2 从企业管理制度和机制上防范劳动用工法律风险的发生

3 加强劳动用工环节的重点管理

图15-8　企业劳动关系法律风险防范措施

1.增强劳动用工风险意识

企业劳动用工法律环境的变化，要求企业管理者在劳动用工中必须增强劳动用工的风险意识，只有在增强风险意识的基础上才能在企业管理制度、管理行为等层面上真正地实现相关风险的规避和化解。

事实上，企业劳动用工的法律风险存在于劳动用工管理的全过程和各环节之中，新进员工、在岗员工、离职员工、工资管理、劳动安全管理、社保福利管理、企业规章制度等，都是劳动用工法律风险比较高发的源头。

因此，企业管理者应该认真梳理劳动用工各环节中的具体法律风险，明确双方的责任义务关系，加强对相关法律法规知识的学习，正确地分析法律风险产生的原因，这样才能有针对性地采取措施降低风险，以及给企业带来的损失和危害。

2.从企业管理制度和机制上防范劳动用工法律风险的发生

制度和机制是有效地防范劳动用工法律风险的手段和工具，为此企业需要全面地加强劳动用工规章制度和机制方面的建设，基于相关法律法规和企业劳动用工的实际情况，构建健全而完备的劳动规章制度体系，有效地规范企业的各项劳动用工行为，使劳动用工各方面的工作都有规章可依。

企业管理者要重视对新进员工的岗前培训，切实履行各项告知义务，定期对员工举办制度培训，组织员工学习。同时，注重对劳动用工相关档案的自查自纠工作，核查本单位劳动用工合同的签订、变更、履行情况，对于出现的问题及时采取措施予以补救，将可能发生的劳动用工风险降到最低，完善劳动用工关系的相关协调沟通机制，尊重员工在企业管理中的知情权、参与权和监督权，拓宽和丰富员工参与企业管理的渠道、形式。

3. 加强劳动用工环节的重点管理

劳动用工合同、新员工入职等环节是劳动用工管理的重点环节，也是劳动用工法律风险的多发环节，因此要强化对这些重点环节的管理，防范相关风险的发生。劳动用工合同的签订要遵循公平、公正、诚信、协商一致的原则，注意相关合同条款的有效性、合法性，健全和完善劳动用工合同管理的制度，做到程序化、标准化、规范化。

同时，严格新进员工的入职管理，对新进员工的身体条件、技能素质、任职资格等做好严格的审查与核实，同时注重劳动用工过程的日常管理，规范各种劳动用工关系，完善劳动用工过程中的相关档案管理，做到劳动用工纠纷可以做到有账可查，有资料、有数据记录，从而为可能的相关劳动纠纷提供举证。

六、合同管理的法律风险防范

企业间的经济往来，主要是通过合同进行的。一份好的合同，可以有效预防和避免纠纷的产生；而一份有缺陷的合同则会留下隐患，产生纠纷和败诉的后果，给一方或双方造成严重的经济损失。

1. 合同主体

合同主体的风险防范如表15-3所示。

表 15-3　合同主体的风险防范

<table>
<tr><th>风险点</th><th>风险识别</th><th>影响评价</th><th>防范措施</th></tr>
<tr><td>主体资质瑕疵</td><td>（1）营业执照、组织机构代码证、税务登记证超过有效期、未经年检等；
（2）未取得生产许可证、特殊产品经营许可证等资质文件</td><td>（1）存在签订合同的主体不具备相应民事行为能力的可能，导致合同效力存在瑕疵；
（2）超过特许经营或限制经营的，可能导致合同无效，带来签约风险</td><td rowspan="2">针对此类风险，企业应加强事前监督审核：
（1）与法人签订合同，要求对方提供法定代表人身份证明、营业执照（需加盖单位红章）、经营许可证、资质等级等资质文件的原件（同时要在相关工商局的企业信息查询网站进行查询）；
（2）与自然人签订合同，要求提供身份证，无身份证的提供户口本，对基本情况在合同中列明；
（3）签订重大合同的，到工商部门查询签约对方主体资格、提供资料的真实性，必要时应要求提供资产负债表、利润表等证明其履约能力的有关文件，并进行事前考察调研；
（4）不得与公司的职能部门签订合同，与分公司签订合同时应要求对方提供营业执照及相应的书面授权文件</td></tr>
<tr><td>超越经营范围</td><td>（1）合同标的不在对方经营范围之内；
（2）不具备相应的有效资格、特许经营许可证等</td><td>当事人超越经营范围订立合同，人民法院不因此认定合同无效，但若违反国家限制经营、特许经营以及法律、行政法规禁止经营规定的则合同无效</td></tr>
<tr><td>代理行为存在瑕疵</td><td>（1）与无民事行为能力人签订合同；
（2）法定代表人签字不真实，存在代签行为；
（3）无授权委托书（如：未取得授权的分公司及项目部对外签订合同）；
（4）委托代理人持有的授权书不真实、不具备代理权限、超过有效期等；
（5）对额度巨大的合同或者其他事项需公司董事会或股东会决议的，未取得相应的决议文件</td><td>（1）根据《民法典》的有关规定，无民事行为能力人实施的行为无效；
（2）行为人没有代理权、超越代理权或者代理权终止后以被代理人名义订立的合同，未经被代理人追认，对被代理人不发生效力，由行为人承担责任</td><td>委托代理人签订合同的，要求对方出具法定代表人签署的授权委托书（重点审查授权范围、授权期限及授权书的真实性）、代理人的身份证明等</td></tr>
</table>

续表

风险点	风险识别	影响评价	防范措施
履约能力不足	（1）注册资本低于合同标的额； （2）实际生产能力明显不能满足合同要求； （3）资产负债率高； （4）曾有违约行为，商业信誉不高	对方违约风险增加，影响合同的顺利履行	加强对合同对方履约能力的考察及监督： （1）建立供应商履约数据库； （2）重点调研其生产能力、近期经营业绩和商业信誉（可登录全国法院被执行人信息查询系统查看）； （3）对重大合同对方的资产负债情况进行动态监督； （4）根据各供应商的履约情况，对出现多次违约的供应商和履约情况较好的供应商进行动态管理

2. 合同签订

合同签订的风险防范如表15-4所示。

表15-4　合同签订的风险防范

风险点	风险识别	影响评价	防范措施
合同效力	合同违反法律、法规的强制性规定	合同无效	（1）制定、完善合同管理办法，完善审核流程及合同备案抽查制度； （2）推行并完善合同示范文本，对于原则上不得修改的条款进行明确，并对各使用单位在起草具体合同时应注意的问题进行说明
	合同约定的免责条款包含免除本方主要义务、排除对方主要权利的内容	免责条款无效	
	合同存在可撤销、可变更的情形，如合同存在显失公平条款	当事人一方有权请求法院或者仲裁机构变更或者撤销	
合同形式	合同形式不符合法律规定	难以主张合同关系的存在	签订合同最好采用合同书的形式，特殊情况下可以使用传真件
合同内容	语言表述不规范，文字、标点错误，上下文内容不一致	导致合同各方权利义务约定不明确，合同是否成立、是否生效等问题上存在争议，引发纠纷或诉讼	（1）合同内容要用词准确，表达清楚，避免歧义表述及文字、标点错误； （2）对于合同附件与正文针对同一问题做出规定的，需要前后对应，避免正文与附件对同一问题做出相互矛盾或不一致的约定

续表

风险点	风险识别	影响评价	防范措施
合同签章	（1）合同约定双方签字并盖章生效，仅签字或仅盖章，存在生效瑕疵； （2）加盖行政章或合同专用章之外的其他专用章，如财务专用章、部门章； （3）在空白合同中加盖合同专用章； （4）合同印章是伪造或者变造的	缺少签章或者签章错误将可能导致合同不生效；若企业已履行部分合同义务，则面临对方拒绝履行合同义务而给企业造成较大经济损失的风险	（1）合同管理人员应加强防范印章使用风险，在合同启动及审核流程中注意使用印章的合法有效性； （2）加强企业印章管理，严禁在空白合同中加盖企业公章或合同专用章； （3）相关部门应对印章的使用、鉴定进行严格把关，防止对方利用伪造、变造的印章进行违法活动，侵害企业合法权益
合同变更	在对合同条款进行修改或变更时，未签署补充协议，在合同文本中手写修改，却未加盖双方印章	修改或变更的内容不生效，对双方不具有约束力	（1）对合同文本进行修改、变更的，应达成书面补充协议； （2）严禁在合同中进行手写修改，确实需要时，应在修改处加盖双方印章加以确认； （3）对多页合同应当加盖骑缝章，防止出现盖章不规范

3. 合同条款

合同条款的风险防范如表15-5所示。

表15-5　合同条款的风险防范

风险点	风险识别	影响评价	防范措施
合同标的	标的物名称、品种、规格、型号、商标、生产厂家等约定不明确或未进行约定	对标的物没有约定或约定不明，可能导致合同无法履行或合同不成立	（1）明确约定标的物的名称、品牌、规格、型号、生产厂家等信息； （2）合同标的物名称、生产厂家等应使用标准全称
数量和质量	（1）未约定标的物数量或约定不明； （2）未约定计量单位或约定不明； （3）未约定质量标准条款或约定不明；	（1）对标的物数量没有约定或约定不明，可能导致合同无法履行或合同不成立；	（1）明确约定数量和计量方法； （2）合同中应有标的物瑕疵担保条款； （3）明确标的物执行的质量标准，严禁采用模糊术语，适用国家或行业标准的，需要明确该标准名称；

续表

风险点	风险识别	影响评价	防范措施
数量和质量	（4）未约定质保期或质保期起算时间约定不明； （5）未明确约定提出质量异议期限和方式	（2）质量要求不明确的，按照国家标准、行业标准履行；没有国家标准、行业标准的，按照通常标准或者符合合同目的的特定标准履行	（4）质保期约定要具体明确，留存合同总金额5%以上的质保金； （5）提出质量异议的期限明确具体，应约定检验不合格的处理方法
验收条款	无质量验收条款或约定不明	导致货物未验收或者无法验收，货物接收后发生质量问题时，对方以买方已确认收货为由拒绝承担赔偿责任	（1）明确合同标的物质量、数量、外观等方面的验收标准； （2）检验时间明确具体； （3）针对不同货物的特性及技术要求对验收方法进行明确具体的约定，保证条款具备可操作性
价款	（1）数字或货币单位出现错误，大小写不一致； （2）上下文对价款的约定不一致； （3）未约定使用的币种（特别是涉外合同）； （4）支付方式不合理：作为买方时，支付的预付款比例过高，发货前付清全款、未留存质保金等	（1）由于各个币种之间汇率的不断变化，适用不同币种将造成不同的成本及利润； （2）作为买方时，过早支付价款难以对合同对方全面按时履行合同义务形成有效制约，对方违约的风险增加； （3）价款或者报酬不明确的，按照订立合同时履行地的市场价格履行；依法应当执行政府定价或者政府指导价的，按照规定履行	（1）采用大小写进行书写，保持一致； （2）在合同价款条款中明确适用的币种； （3）付款方式要明确约定如何付款、何时付款，支付条件具备可执行性和操作性
履行条款	（1）合同履行期限约定不明确、不具体； （2）履行地点表述模糊，不能明确具体的履行地； （3）履行方式约定不明	由于履行期限、地点及履行方式约定不明确，在追究对方违约责任时没有相应证据或标准证明其未全面履行合同	（1）将合同的履行期限具体到月日，或者具体为某一期间； （2）明确向谁交货、以何种方式交货、何时交货、何地交货； （3）如有运输的，应明确运输方式（运输的方式是铁路、公路、海运还是多式联运，明确送货、自行提货、委托提货还是代为运输）；明确运输费用承担、风险承担等条款

续表

风险点	风险识别	影响评价	防范措施
权利义务条款	合同权利义务条款不对等，过于偏重一方的责任；未对明显限制对方权利的条款进行特别标注	合同可能存在显失公平的情形，合同对方可向法院提出撤销该合同	在维护自身利益不受侵害的同时，合理约定双方的权利义务，避免导致合同显失公平
包装条款	未约定包装条款及费用承担	由于包装方式不当造成合同标的物损毁、灭失时，责任承担主体不确定，从而难以要求合同对方承担违约责任	根据有无特殊要求明确约定包装要求
风险承担	未约定风险承担的转移时间及承担范围	除法律另有规定或者当事人另有约定外，标的物毁损、灭失的风险，在标的物交付之前由出卖人承担，交付之后由买受人承担	从最大限度维护自身利益出发，与合同另一方约定风险承担内容
违约责任条款	（1）未根据主要合同义务来确定违约责任，仅做出概括性表述，缺乏可操作性； （2）部分义务缺乏对应的违约责任； （3）违约金约定过高； （4）未设定解除合同的权利	（1）违约责任数额难以计算且举证困难； （2）约定的违约金过分高于造成的损失的，当事人可以请求人民法院或者仲裁机构予以适当减少； （3）当对方当事人违反合同义务达到一定程度，继续履行合同已经失去意义，若没有约定解除合同的权利，则解除合同时可能需付出较大的代价	（1）明确各项义务对应的违约责任； （2）注意违约金的数额约定不宜过高； （3）明确约定对方违约达到一定程度时我方的单方解除权
解决争议方法	未明确约定或约定无效，如管辖法院的选择或仲裁机构的确定不符合法律规定	仲裁协议对仲裁事项或者仲裁委员会没有约定或者约定不明确的，当事人可以补充协议；达不成补充协议的，仲裁协议无效	（1）诉讼和仲裁只能选择其一； （2）选择诉讼则需根据法律规定选择管辖地（合同签订地、被告所在地、原告所在地、合同履行地、标的物所在地），一般应选择我方所在地法院； （3）选择仲裁机构则应写明具体的、实际存在的仲裁机构名称

续表

风险点	风险识别	影响评价	防范措施
合同生效条款	缺乏合同生效条款或合同生效条款约定不明	合同的生效时间存在疑问，从而对双方不产生完全的法律约束力	（1）合同生效条款要准确，如存在附条件或附期限生效的情形，应对该条件或期限进行明确约定； （2）签字与盖章共同作为合同生效条件的，应表述为：本合同经双方签字并盖章之日起生效
合同文件的解释	（1）存在两种语言文字时未约定优先顺序； （2）存在多个补充协议或附件时未约定解释顺序	因不同的语言文字对同一问题的解释不同或不同文件对同一问题的约定不一致，从而发生合同履行分歧	（1）明确约定不同语言文字的优先效力； （2）明确约定合同文本的解释顺序； （3）明确约定在补充协议或附件与合同正文发生冲突时适用的文本
适用法律	涉外合同中未明确选择适用的法律	可能使合同的生效、履行、争议解决等事项全部处于不可知、不可预测状态，无法实现合同目的	应明确约定适用的法律，尽量选择对己方有利的熟悉的法律

七、知识产权法律风险防范

不管是大企业还是小企业，不管是上市公司还是初创公司，都应该重视知识产权，并采取有效的措施保护自己的知识产权，防范其他法律风险。

1.企业侵犯专利权的法律风险及防范

此类风险的发生主要集中在高新技术企业、生产型企业等，该类企业在进行产品研发和生产过程中通常都会涉及专利权的运用。如事先没有经过相关的专利检索等，企业所研发的新技术或新产品容易落入他人在先专利权的保护范围而导致侵犯他人专利权。

较为常见的专利权包括外观设计专利权，如市场上一些流行的产品其包装或造型比较新颖、美观，深受消费者的欢迎和喜爱，最先生产该产品的企业极有可能对该产品的包装、造型等申请并取得了外观设计专利权，其他企业如果未经专利权人许可擅自生产与该产品包装、造型相同或近似的产品，即可能构成对他人专利权的侵害。

对于此类法律风险的防范措施如图15-9所示。

措施一

要求企业的相关研发人员对本行业领域内的技术的发展现状和动向要有一定的了解和掌握，不能为完成研发任务而偷懒，妄图通过搭便车的方式，实现弯道超车

措施二

企业内部应当建立严格的知识产权管理体系，配备专门的工作人员或委托第三方专业机构在研发新技术、新产品前对相应的技术进行专利检索、查新，对新研发成功的技术和产品外包装、造型等要及时申请专利权

图15-9 侵犯专利权的风险防范措施

一旦发生涉嫌侵犯他人专利权的事件，应当及时评估是否构成侵权，即初步判断所使用的技术方案是否落入他人专利权的保护范围，如构成侵权可能性较大时，可及时停止实施相关涉嫌侵权的行为，并积极准备、收集相关材料做好应诉准备。如判断不构成侵权，也应当积极准备和收集有利于本方的相关材料，积极应诉或主动提出确认不侵权的诉讼。

小提示

专利权的侵权人除可能面临行政机关的行政处罚和权利人主张的民事赔偿责任外，情节严重的甚至需要承担刑事责任。

2.企业侵犯商标权的法律风险及防范

商标是企业在经营过程中经常会运用到的一种知识产权，也是与企业的商誉等结合最紧密的无形资产之一。常见的企业侵犯他人注册商标的行为主要是一些企业法律意识不强，其为了更好地促进自己产品或服务的销售而在相同或者近似的产品或服务中使用与他人相同或近似的商标。针对侵犯他人商标专用权的行为，我国法律规定，权利人可以通过图15-10所示的三种方式进行维权。

企业要防范侵犯他人商标专用权风险，提高品牌意识，注重打造和推出自

方式一	通过工商行政管理部门对侵权人进行行政处罚
方式二	权利人可以通过民事诉讼的方式要求侵权人承担停止生产、赔偿损失等民事责任
方式三	情节严重的，侵权人还可能被追究刑事责任

图15-10 权利人对侵犯他人商标专用权的维权方式

己的商标，并及时对自己使用的商标申请注册，避免因未获授权而擅自使用或因未及时注册而被他人抢注成功后，反被他人主张侵权。如确需要使用他人商标的，应通过取得他人许可后方可使用。如企业收到他人关于侵犯商标权的主张时，应及时从以下几个方面对他人持有的注册商标与企业所使用的商标进行分析和判断：

（1）二者谁先使用，对方是否存在恶意抢注的情况；

（2）二者是否相同或近似；

（3）二者所使用的类别是否相同或近似；

（4）如果二者所使用的类别不相同也不近似的，则他人所持有的商标是否为驰名商标，驰名商标在我国享有跨类保护的特殊待遇等。

在对上述几个方面进行初步分析和判断后，结合分析和判断的结果，企业应积极收集和整理相关证据材料，制定相应的应对方案。

3.企业侵犯著作权的法律风险及防范

近年来，随着互联网的发展和普及，越来越多的企业在互联网网页、微信公众号等自媒体上为自己做广告宣传，在此过程中通常会使用到图片、文字（字体）、视频等，然而前述的图片、文字（字体）、视频都可以构成我国著作权法所保护的对象——作品。需要强调的是，前述的“图片”除照片等摄影作品外，一些动漫人物形象、动画场景等也可以通过版权进行保护。企业在相关的广告中使用他人拥有著作权的图片、文字（字体）、视频等都将可能导致侵权风险。

一旦发生著作权侵权的事件，侵权企业除需承担相应的民事责任，如赔偿损失、停止侵权外，往往权利人还会要求侵权人在相关媒体上刊登赔礼道歉的公告等，此举将会对侵权企业造成诸多不利影响，对一些大型企业的社会形象影响尤甚。此类侵权行为所对应的相应的行政处罚、刑事责任等，在符合相关条件的情况下，也有可能会被追究。

为避免企业出现侵犯他人著作权的情况，企业可以从图15-11所示的几个方面进行防范。

措施一	建立、健全企业的广告发布等与著作权相关的制度规范，把关审核流程，建立、完善摄影图片、视频、文字（字体）使用和发布的审核、备案制度
措施二	对由第三方提供的广告视频、图片，应该审核视频、图片的来源、使用许可协议，杜绝任意下载等非法使用行为
措施三	相关文字使用时应注意文字所使用的字体是从正版的字库内选择，避免为美观而擅自使用未获授权字体
措施四	建立事后补救机制，妥善解决矛盾纠纷

图15-11　避免企业出现侵犯他人著作权的措施

因著作权问题引起的法律争议发生后，应及时积极主动与权利人沟通，并在初步查明侵权事实后以和解的方式了结争议；对已经形成的诉讼，应积极配合法院进行调解，及时化解矛盾纠纷。

八、招投标法律风险防范

由于招标投标过程中外部环境的变化及项目本身的复杂性和人们对于多种社会条件的控制能力有限，招投标风险的发生具有多样性和不确定性。因此，有关招投标参与方须做好充分的防范，对不同情况的风险做认真分析并提出合理风险防范和应对措施，从而有效地减轻、转移或回避风险。

1.树立和增强法律意识

承包方管理人员不仅要具备较高的项目工程技术和丰富的实践经验，还应树立法制观念，增强法律意识，做到依法经营。承包方作为投标人在准备投标时，可聘请专业人员进行指导，收集对己方有利的证据。如果发现招标人、评标委员会、其他投标人有侵犯自己合法权益的行为，应及时向相应主管部门进行反映、投诉，保护企业在投标过程中的合法权益。

2.做好投标前项目的审查工作

招投标的前期准备工作不容忽视。承包方在对项目进行投标前一定要对业主方的基本情况和项目本身的现场情况进行客观、全面、细致的了解。

（1）对业主方审查。对业主方的主要审查内容包括：是否具备相应的经营资格和等级证书，是否依法取得企业法人营业执照和税务等级，是否在规定的年检期间，资金是否运行良好，手续是否完善，项目资金是否已经到位，履约信用能力是否良好等。

（2）对项目审查。对项目本身的现场勘察，主要审查内容包括：招投标文件所提供的相关图纸是否与现场吻合，所描述或说明的情况是否和现场一致，所提供的设计方案是否能确定实施，是否遗漏项目现场应当实施的相关环节等。

审查完毕后，应当由市场部、工程部等相关部门对项目条件进行初步评估，包括业主方的要求情况、施工难度等，后报公司各个部门审批，指出可能存在的风险及防范的措施，并且对招投标过程中存在的文件全部予以留存，把招投标前的准备工作做细、做实。

3.高度重视投标活动

承包方应认真研究《工程量清单》等招标文件，确定总体工程量，得出总体支出情况，并通过保证质量、综合调整、合理计价的方式，最终定好投标价。要意识到低报价并非是决定中标的唯一渠道，应注重工程质量。因为一旦工程出现质量问题，不但会损坏业主方的声誉，更会影响承包方的形象和声誉，还会受到有关部门的处罚，项目的直接责任人员和上级主管人员则有可能承担刑事责任。

4.注重中标后的磋商，做好合同评审把关工作

承包方中标后，双方会就投标文件的内容展开磋商，要尽量对工程项目的名称、地址、工程内容、技术要求、项目方案、工程质量要求、工程工期、安全防护措施、双方权利义务、付款方式、违约责任、工程竣工结算、解决争议方式等内容加以明确，真实、清楚地以书面形式进行表述，避免使用容易引起歧义的字句书写投标文件。

签订合同时，应当审查项目总承包合同内容是否跟中标文件内容一致，把好合同评审关，监督合同及时进行备案。应当遵照国家法律签订合同，保证条

款的齐全、内容的完整，尽量减少苛刻的、单方面的约束性条款。要对专用条款中跟项目相关的一些具体要求和内容加以明确约定，尤其是要约定违约责任的限度，以防风险的扩大化。

5. 合同签订后，加强内部监督和审查，做好履约过程中的风险控制

合同签订后，开工前，项目管理人员须对合同进行全面、细致的分析，熟悉双方权利义务，预测合同管理过程中存在的潜在风险，并制定有效的管理对策。

施工过程中，要严格按照合同进行施工，强化施工现场管理，加强对材料商、分包商的管理，加强印章管理、内部审计管理，防止因误工误期、质量问题等带来风险。

对于业主方原因导致承包方延误工期或受到合同价款意外损失的情况，应注意收集好工程照片、施工日志、会议纪要、设计变更、指令或通知等索赔资料，及时提出索赔，并保证索赔的法律效力。

九、安全生产法律风险防范

企业在安全生产过程中，往往会因责任主体落实不到位、法律意识淡薄、安全检查不到位、生产保障不完善、应急处置不及时等，导致一些法律风险和安全隐患。因此，应加强企业遵法守法意识，防范法律风险，提高安全生产能力。

1. 企业安全生产事故管理的法律风险防范措施

安全生产事故产生的直接原因有以下三种。

第一，是人的不安全行为。主要包括违章操作、违章指挥或者操作错误、用手代替工具、人为造成安全装置失效、冒险进入危险场所或者站位不当、机器运转时操作、未正确使用防护用品用具、戴手套操作旋转设备等。

第二，是物的不安全状态。主要包括：设备、设施、工装、工具、物料等有缺陷、防护装置缺乏或者有缺陷、个人防护用品用具缺失或者有缺陷。

第三，是环境的不安全条件。主要包括疏散通道和安全距离有缺陷、地质或者地面的不安全因素、平面布置或者环境条件缺陷。

针对安全事故产生的直接原因，企业安全生产事故管理的法律风险防范措施主要如图15-12所示。

安全警示标志的设立符合法律法规的要求

生产设备的安全管理符合相关的法律规定

严格按照法律的要求来管理危险品

按照法律规定管理重大的危险源

依法对危险作业进行审批管理

交叉作业的管理应该符合安全生产的要求

项目发包、出租的管理应该符合安全生产的要求

按照法律的规定提供劳动安全保护

按照法律规定保障劳动者的合法权益

图15-12 安全生产事故管理的法律风险防范措施

2.企业安全事故处理法律风险的防范措施

根据相关的法律规定，企业安全事故处理法律风险的防范措施如图15-13所示。

措施一　**建立安全预警机制，发生安全事故时，立即组织救援**

为了避免不必要的人员伤亡和财产损失，必须制定事故应急救援预案，当企业发生生产安全事故时，启动应急救援响应，企业的相关负责人必须及时组织抢救，而不能擅自离开工作岗位

措施二　**按照法律规定进行安全事故的报告**

企业发生安全事故后，为了防止事故扩大，为了避免不必要的人员伤亡和财产损失，企业的相关负责人应该及时报告事故的具体情况，而不能隐瞒不报、谎报或者拖延不报，不能故意破坏事故现场、毁灭有关证据

措施三　**接受有关机关的调查处理**

企业发生安全事故后，国家有关机关应马上成立事故调查组，调查事故发生的原因，发生事故的企业必须配合相关机关的调查

图15-13 安全事故处理法律风险的防范措施

十、发布广告的法律风险防范

广告是一把双刃剑，处理不当，极易引发民事、行政及刑事纠纷。为有效应对企业宣传工作中存在的法律风险，日常管理中企业管理者应加强对企业广告宣传法律知识的宣贯，开展依法合规经营，避免承担相应的法律责任。

1.发布广告前审查

发布医疗、药品、医疗器械、农药、兽药和保健食品广告，以及法律、行政法规规定应当进行审查的其他广告，应当在发布前由有关部门对广告内容进行审查；未经审查，不得发布。

2.使用比较广告时

比较广告又称竞争性广告或对比性广告，可以分为两大类，即批判性的比较广告和攀附性的比较广告。前者主要是对竞争对手及其经营的商品或服务进行批判或贬损；后者主要特性是“搭便车”，即借他人早已扬名的商誉来抬高自己。

在使用比较广告时，应注意图15-14所示的事项。

事项一	广告中不得贬低其他生产经营者的商品或服务
事项二	比较广告应符合公平、公正竞争的原则
事项三	比较广告的内容应当是相同的商品或可类比的商品，比较之处应当具有可比性
事项四	比较广告中使用的数据或调查结果，须有依据，并应提供国家专门检测机构的证明
事项五	比较广告不得造成不使用该种商品将会造成严重损失或者不良后果的感觉（安全、劳保用品除外）

图15-14 使用比较广告的注意事项

3.广告中涉及专利时

广告中涉及专利时应注意以下事项。

（1）广告中涉及专利产品或者专利方法的，应当标明专利号和专利种类。

（2）未取得专利权的，不得谎称取得专利权。

（3）禁止使用未授予专利权的专利申请和已经终止、撤销、无效的专利作广告。

（4）广告中宣传在商品或服务中使用的专利，还应注意该专利在商品或者服务中的实际使用。

4.广告代言时

广告代言时应注意以下事项。

（1）广告代言人在广告中对商品、服务作推荐、证明，应当依据事实，符合法律、行政法规规定，不得为其未使用过的商品或未接受过的服务作推荐、证明。

（2）不得利用不满十周岁的未成年人作为广告代言人。

（3）对在虚假广告中作推荐、证明受到行政处罚未满三年的自然人、法人或者其他组织，不得利用其作为广告代言人。

（4）医疗、药品、医疗器械、保健食品广告不得利用广告代言人作推荐、证明。

5.利用互联网发布广告时

利用互联网发布广告时应注意以下事项。

（1）关于利用互联网发布、发送广告，不得影响用户正常使用网络。

（2）在互联网页面以弹出等形式发布的广告，应当显著标明关闭标志，确保一键关闭。

（3）不得以欺骗方式诱使用户点击广告内容。

（4）禁止利用互联网发布处方药和烟草的广告。

6.涉及他人人身权、财产权时

涉及他人人身权、财产权时应注意以下事项。

（1）在广告中使用他人名义或者形象的，应当事先取得其书面同意；使用无民事行为能力人、限制民事行为能力人的名义或者形象的，应当事先取得其监护人的书面同意。

（2）广告中使用他人名誉、言论、专有标记、注册商标等人身权和财产权的，应当事先取得他人的书面同意；使用无民事行为能力人、限制民事行为能力人的名誉、言论、专有标记、注册商标等人身权和财产权的，应当事先取得其监护人的书面同意。

小提示

广告宣传是企业提高自身知名度的方式之一，一般情况下，相比其他方式，企业在广告宣传上的成本投入比重较大，为了避免可能产生的高风险，建议企业充分审查对外发布的广告宣传内容，减少不必要的经济损失或责任承担。

律师说法

【案例背景】

原告甲是A公司的股东，持有公司20%的股权。甲称A公司自2002年开始并未按照《公司法》的规定向其提供账簿，其向公司递交了查账的申请后，公司仍未提供，故诉至法院要求A公司提供会计账簿供其查阅、复制。A公司答辩称，原告甲虽是公司的股东，但其亲兄弟乙所设立的B公司，与A公司经营同类业务，甲查账就是为了便于乙全面掌握A公司的商业秘密，具有不正当目的，故不同意其诉讼请求。一审法院以甲作为公司的股东，享有知情权为由，判决支持了其诉讼请求。A公司不服，提起上诉。

二审期间，A公司举证证明了B公司与A公司经营相同业务，并且甲还在B公司担任监事职务。二审法院认为，根据A公司的证据可以认定B公司与A公司的经营范围和经营项目基本相似，甲与乙为亲兄弟关系，并且甲还在B公司任职，基于上述内容，若允许甲查阅A公司的会计账簿，将有可能导致A公司的商业秘密被B公司所知悉，从而可能侵犯A公司的合法权益，故二审法院改判驳回了甲的诉讼请求。

【案例分析】

对于不掌控公司经营权的小股东而言，我国《公司法》规定了其享有知情权，小股东为了保护自己的权益，可以依法积极行使权利。但股东知情权的行使并非无条件、无限制的，根据《公司法》第三十三条规定：股东要求查阅公司会计账簿的，应当向公司提出书面请求，说明目的，公司有合理根据认为股东查阅会计账簿有不正当目的，可能损害公司合法权益的，可以拒绝提供查阅。从该条规定可以看出，由于股东的知情权可能涉及股东与公司之间的利益冲突，会计账簿中的信息涉及公司的商业秘密，所以《公司法》对股东查阅会计账簿的权利予以适当的限制，要求股东遵循诚实信用原则，合理行使知情权。

这个案例提醒创业者：现代社会中公司之间的竞争愈演愈烈，往往公司的会计账簿等重要文件关系着公司的生死存亡，因此股东在行使知情权的同时亦不可滥用权利，以免影响公司的正常运营，损害公司的合法权益。

【律师点评】

作为企业主要管理者，我们从法律角度称之为“董监高”群体。他们是具体控制运营企业的实际团队，是企业战略制定与执行、商业活动具体经营、企业自身管控的主要执行力量。一个团队的能力模型是否完美健康，是否能够充分评估企业组织在市场竞争中面临的风险环境以及可能存在的商业发展机会，是对于这个执行团队的综合能力考评。安全稳健的企业运营首先需要防范的就是风险。从目前看，我们简单总结为企业合规体系建设，即将企业的市场风险、法律风险、商业风险、审计风险、违规风险、违法风险，以及与企业业务紧密关联的上下游供应链企业、与主要合同单位关联的商事主体都纳入合规监管范围。从劳动用工人权保护、生产运营安全与环境保护、企业社会责任贡献、依法纳税责任、反商业贿赂、反不正当竞争、反垄断、反侵犯知识产权、跨境贸易中的多边合法合规性审查、外汇管理、资产和资金管理、债权债务清收等角度，均提出了严格的规范要求。这是确保企业合规运营的保障机制。

股东协议、股东决议、企业章程的设计与不断修订完善，“董监高”组织建设与投票表决机制，股东更换，“董监高”更换程序，企业预算决算决策与考核执行，企业对外投融资决议和担保决策机制，企业公章印信管理，资金资产处置使用权限，债权债务处置权限分配等均需要严格地依法决议、依法执行。

企业最大的敌人有两个，一个是市场竞争，另一个就是风险合规。一内一外，决定了企业组织的生命周期。从世界范围看，企业平均寿命周期为6～8年，而中国企业的平均生命周期为2～3年。可见市场是残酷的，合规是重要的。而各级人民法院和各类仲裁机构年平均收案率持续攀升，包括破产或破产重整、破产清算的案件也在大量增加，充分说明了企业合规风险面临巨大现实挑战。

后记

最近几年，世界经济形势正面临严峻考验。我本人负责的北京德和衡律师事务所的公司业务中心的法律服务业务也能体现出这种社会经济的变化：民商事合同争议诉讼、商事争议仲裁、公司股东纠纷、公司担保纠纷、破产、破产重整成为这几年主要的法律业务。

毫无疑问，我们在国际贸易合同纠纷争议解决，跨境投资贸易专项非诉法律服务，公司类法律业务诸如股权投资、基金管理、资管计划、公司破产或破产重整业务中，表现出了卓越的法律客服能力。但正是因为这样，在服务过程中，我们感受到了客户从股东到高级管理者再到中、基层的公司雇员仍然需要并渴求简明扼要的、比较接地气的法律知识普及和案例分享的书籍。如何让法律常识以及较有深度的法律理念通过有趣的阅读和感知体验方式，渗透到读者心中，成为其未来工作的有益借鉴，这是需要花点心思的。将复杂问题简单化，将深刻道理生活化地体现出来，也是一种功夫。

我本人尝试着开展这样的探索，希望本书成为一本对读者有益的书，成为一本激发有趣思考，并引起探索背后的立法原因、立法导向、社会价值取向的口袋书。希望本书成为使读者正面学习，吸取经验教训的法律之书，而不是试图规避法律的“宝典”。因为依据诺贝尔经济学奖的“不完全契约理论”，任何试图一劳永逸，通过以不变应万变的方式规避法律风险的行为都是徒劳无功的。风险永远如影随形，一体两面地伴随着我们。只有时刻警醒，保持清醒，稳健慎独，才能实现平安运营与健康发展。

本书编写过程中得到很多朋友、老师的指导和建议，在此一并感谢。特别感谢我的助理桑雨朦、史一鸣等帮助我最后核稿审定。

 博士

北京德和衡律师事务所　高级合伙人

2022年元月于北京